상담 프로그램 영역 5

이혼가정 아동을 위한 집단상담 프로그램

-독서치료의 적용-

김동일 · 우홍련 공저

상 담 학 Best Practice 시리즈

학지사

발간사

"상담학은 상담에 관한 이론 연구뿐만 아니라 그 실천에 대한 연구 또한 중요하다."라는 명제에 대해 대부분의 상담학도들이 동의하리라 생각된다. 현재 우리나라에는 이미 수백 명의 상담학 전문가가 활동하고 있으며 수천 명의 학생들이 전문가가 되기 위한 수련을 하고 있다. 우리 상담전문가들은 청소년, 교육, 복지, 기업, 군대, 법원, 진로개발 등 여러 분야에서 전문적 활동을 하면서 국가와 사회에 공헌하고 있다. 상담의 실제는 이미 다양한 분야와 영역에 걸쳐 발전하고 있는 것이다.

'상담학 Best Practice 시리즈'는 실제 상담현장에서 수고하는 많은 상담전문가들의 실천 경험을 기반으로 하여 기존의 상담학 교재들의 이론 중심 내용에서 벗어나, 보다 실제적이고 상담현장에서 쉽게 적용해 볼 수 있는 사례 중심의 실천적 상담교재라 할 수 있다. 상담학 Best Practice 시리즈는 상담기법 영역, 상담문제 영역, 상담 프로그램 영역, 상담자 전문성개발 영역 등 총 4개 영역으로 구성되었다. 이론보다는 실제 사례를 통해 이론과 기법들이 사례에 어떻게 적용되는지 그 과정과 절차를 자세히 기술하여 상담자들의 실천적 지식을 높이고자 하였으므로, 상담학에 입문한 전공자나 학교 현장의 전문상담교사 그리고 전국의 청소년상담센터 상담전문가들에게 실제적인 도움이 될 수 있을 것이다.

이 시리즈는 한국 상담학계에서 활발히 활동하고 있는 상담학 교수 및 박사들로 구성된 각 영역의 전문가들이 힘을 모아서 집필한 결실이다. 이 시리즈가 출간될 수 있도록 애써 주신 집필진 모두에게 편집위원회를 대표하여 진심으로 고마움을 전한다. 아울러 상담학 Best Practice 시리즈가 출간될 수 있도록 아낌없이 지원해 주신 학지사 김진환 사장님과 최임배 상무님을 비롯한 관계자 여러분께도 감사드린다.

2007년

상담학 Best Practice 시리즈 편집위원회 위원장

김계현

머리말

이혼가정에 대한 관심과 배려는 상담자 개인의 관심을 넘어서 상담영역에서 꼭 필요한 한 영역이며 국가 차원에서 짚고 넘어가야 할 정책 과제가 되었다. 2008년 국감자료에 따르면, 부모 이혼으로 매일 평균 11명의 아동이 시설로 보내지고 있다. 2008년 상반기에만 1,533쌍의 이혼부부가 자녀들을 시설로 보낸 것으로 파악돼 정부 차원의 대책 마련과 이혼가정 아동의 복지에 대한 국민의 관심이 절실해진 상황이다.

이처럼 증가하는 이혼율로 마음의 상처를 안고 자라는 아이들이 점점 많아지고 있고, 아동의 관점에서 부모의 부부갈등에 노출되기 시작한 시점부터 이혼이라는 생활의 변화에 적응해 나갈 때까지 심리적, 정서적, 사회적으로 큰 영향을 받기 때문에 가장 큰 피해자라고 할 수 있음에도 불구하고 이혼가정 아동들이 처한 여러 가지 심리적 문제와 과제들을 해결하기 위한 상담적 접근은 아직 미흡하다. 다양한 상담 관련 기관에서 만날 수 있는 이혼가정 아동들에게 상담자들이 더 많은 관심을 가져야 할 것이다.

이 책은 부모의 이혼에 대한 연령별 이해 발달과 그중 아동의 적응에 대한 체계적인 고찰을 하고 있다. 이를 바탕으로 이혼가정 아동의 부정적 반응들을 극복하고 심리적 과제들을 해결하기 위한 한 방법으로 독서치료 기법을 적용한 이혼가정 아동을 위한 집단상담 프로그램의 실제를 제시하고 있다. 특히 이 프로그램은 이혼가정 아동의 심리적 과제 중 이혼에 대한 아동 자신의 감정을 지각하고, 가족구조의 변화 및 이혼의 개념을 이해하며, 일상생활에서 부딪히는 인간관계, 특히 학교에서의 친구관계 속 문제해결 능력을 신장하고, 이혼의 지속성을 인식하도록 하는 데 초점을 두고 있다. 소개된 프로그램은 이혼가정 아동의 상담을 위해 활용할 수 있는 수많은 프로그램 중의 하나이므로, 이 프로그램을 사용하고자 하는 상담자들이 프로그램의 특성을 얼마나 잘 이해했는지, 현장의 상황과 내담자의 특성 및 문제에 맞게 얼마나 적절히 활용할 수 있는지에 따라 그 효과는 달라질 것이다. 또한 프로그램의 효과를 높이기 위해 프로그램의 지속적인 수정 과정도 필요할 것이다.

이 프로그램이 완성되기까지 많은 분들의 도움을 받았다. 프로그램 내 활동구성에 도움을 준 서울대학교 아동청소년상담실의 이원이, 최수미, 김형수 박사님과 현장에서의 프로그램 수행과 개발에 도움을 준 신현영 선생님, 그리고 이 프로그램을 기획하고 실천하는 데 참여하였던 아이들에게 고마움을 전한다. 또한 상담학 Best Practice 시리즈를 기획하고 함께해 주신 편집위원과 학지사 편집부 여러분께 감사드린다.

2009년 1월

김동일, 우홍련

차 례

1

변화하는
가족형태와
이혼

1. 변화하는 가족형태와 이혼

우리나라의 가족형태는 최근 수년간 급격한 변화를 겪어 왔다. 산업화의 과정과 그에 따른 가족의 변화를 몇 백 년에 걸쳐 점진적으로 지나온 서구와는 달리, 한국 사회는 이를 불과 몇 십 년 만에 겪어 냈다. 한국의 사회지표를 보면 그 빠른 속도가 여실히 나타나는데, 그 예로 GNP는 1900년대 중반 90달러에서 2000년대 약 3만 달러로, 평균수명은 52세에서 77세로 변화하였다. 가족의 변화도 이에 못지않아서 농경사회의 대가족이 산업사회의 핵가족으로 변화하는 것은 물론이고 대부분의 사람들이 현재 결혼해서 이룬 가족의 형태는 자신들이 자라날 때의 가족형태와는 다른 모습을 지니고 있다. 이렇게 변화를 거듭하는 가족형태 중 아주 빠른 증가 추세를 보이는 형태가 부모의 이혼 때문에 편부나 편모, 자녀로 구성되어 나타난 이혼가족의 형태다. 1990년대 후반부에 들어서면서 이혼율은 20%를 넘어섰는데 이는 20년 전인 1970년대와 비교했을 때 약 4배에 달하는 것이다. 통계청(2006)에 따르면, 2006년 이혼은 12만 건(쌍) 이상으로 이혼숙려기간 시범도입 및 결혼 적령기 인구의 감소에 따라 전년보다 2.7% 정도 소폭 감소하였으나 1992년에 비해 2.5배 정도 증가하였으며 하루 평균 342건(쌍)의 이혼가정이 만들어지고 있는 것으로 나타났다.

이혼은 '법적으로 결혼한 부부가 더 이상 함께 살 수 없음을 결정하고 종래의 가족을 해체하여 남이 되는 것'으로 정의할 수 있는데, 이제 이혼은 개인적이고 비밀스러운 일로 터부시 되어서는 안 될 만큼 많은 문제와 심각성을 내포하고 있어 사회의 관심과 우려의 목소리가 높아지고 있다. 이혼율 증가에 비례하여 부모 중 한쪽과 살게 되는 아동도 늘어나는 추세다. 이와 관련하여 2001년 이혼 당시 20세 미만 자녀를 두고 있는 경우는 70.4%인데, 자녀가 2명인 경우가 34.9%로 가장 많고, 1명인 경우는 28.6%, 3명 이상인 경우는 4.8% 순으로 나타났다. 이혼 시기는 결혼 후 5년 이내가 가장 많으나, 결혼 10년 후의 이혼율도 계속 증가하고 있다. 즉, 대체로 부모의 동거기간이 5~10년일 때 이혼을 가장 많이 하며, 이때 약 50%의 자녀가 10세 미만이라고 추정할 수 있다. 요즘 부모 중 어느 한 쪽의 사망, 이혼, 유기, 별거가 원인이 되어 편부, 편모로 이루어진 가구로 18세 이하의 자녀가 함께 사는 부모-자녀의 집단을 한부모가정이라고 하는데, 이혼율의 증가를 보아 알 수 있듯이 한부모가정의 유형 중 이혼가정의 증가 비율이 가장 높은 것으로 나타나고 있다.

2. 이혼이 자녀에게 미치는 영향

가족이 해체되는 과정은 부부 당사자뿐만 아니라 자녀에게도 정서적, 인지적, 경제적 고통을 수반하게 하는데 이에 대한 입장은 크게 긍정적 시각과 부정적 시각으로 양분된다(변화순, 1996c).

우선 이혼을 긍정적으로 보는 시각은, 이혼이 부부갈등을 해결하고 부부가 합리적인 삶을 찾도록 하는 방법 중 하나라는 점에서 출발한다. 다만 가족해체로 야기되는 가족문제를 최소화하고 건강한 가족의 삶을 살 수 있도록 하기 위해 국가와 사회가 정책을 모색해야 한다는 조건이 붙는다. 사회가 산업화, 도시화되고 서구의 개인주의 사상이 도입되면서 가족집단뿐만 아니라 개인의 존엄성도 중요하다는 인식이 보편화되고 가족 내에서 부부간의 갈등을 해결할 수 없을 때는 이혼도 하나의 해결 방법이 될 수 있다는 방향으로 인식의 전환이 이루어지고 있는 것이다.

그러나 이혼을 부정적인 시각으로 보는 입장에서는, 이혼에 따른 가족의 해체가 삶에 또 다른 문제를 야기하며, 자녀의 성장에 부정적인 영향을 미쳐 청소년 비행의 원인이 되므로 막아야 한다고 주장한다.

비록 이혼을 보는 연구자들의 시각이 시대의 흐름에 따라 변화하고 있고, 이혼이 보편적인 일이며 불행한 결혼관계를 해결하는 하나의 방법으로 새로운 자기 발견과 해방의 기회라는 긍정적 측면도 강조되기 시작하였으나(Weiss, 1986), 전반적으로는 이혼 후의 불예측성, 사회화의 결여 등 예상되는 것 이상으로 이혼을 어렵고 고통스러운 사건으로 보는 시각이 늘고 있다(Bursik, 1991). 즉, 한 가정이 이혼으로 끝나면, 이에 따른 경제적 손실, 주거의 변동, 가사 책임이나 가정 역할의 재조정, 주변의 부정적인 시선에 대한 대처, 자원의 재구성 및 활용, 재혼할 경우 부모와 자녀 간의 새로운 가족관계 형성 등 여러 차원에 걸친 다양한 문제들이 발생한다. 특히 발달 심리학자들은 1960년대부터 이혼이 자녀들에게 커다란 스트레스로 작용한다는 사실에 주목하고, 이혼이 자녀들의 사회적, 정서적 또는 지적인 발달에 미치는 단기적 및 장기적인 영향에 대해서 꾸준히 연구들을 수행해 왔다(Shaffer, 1996). 실제로 이혼한 가정의 자녀들의 보고에 따르면, 부모의 이혼은 부모의 사망 다음으로 큰 충격이었음을 알 수 있다.

부모의 이혼을 거의 무방비 상태로 받아들여야 하는 자녀에게 이혼이라는 사건은 그 자체가 커다란 심리적 충격이며 스트레스 요인이다(김춘경, 2002). 부모의 이혼이나 죽음과 같은 사건은 아동에게 엄청난 충격과 고통을 주며 이러한 갑작스러운 변화는 아동에게 심리적, 사회적, 경제적으로 큰 영향을 주게 된다. 아동은 변화된 가족체계, 경제적 변화, 새로운 생활환경 등에 적응해야 한다. 뿐만 아니라 어떤 경우 전보다 더 큰 책임감을 강요받기도 한다. 이러한 일련의 사건들이 아동에게 발달상의 장애물로 작용하면서 아동은 여러 문제를 갖게 되고, 그 모습은 아동의 내적 요인과 외부의 환경적 요인에 따라 불안이나 반항, 사회적 기능장애, 비행 등으로 다양하게 표현된다.

Amato와 Keith(1991)는 이혼을 경험한 아동들에 관한 92건의 연구들에 대한 메타분석에서 이혼이 아동의 자아존중감, 학업성취, 품행, 심리적 적응 그리고 사회적 관계에서 부정적인 결과를 가져온다고 지적하였다. Wallerstein과 Kelly(1980)는 초등학교 아동들이 이혼을 경험할 경우 가정과 학교생활에서 참을성이 없어지며, 공격적이고 거친 문제행동을 보이면서 슬픔, 두려움 등 정서적인 문제를 가지게 된다고 하였다. 또한 다른 아이들과의 대인관계 속에서 감정적, 사회적으로 고립되는 경향이 있어 학교생활 적응에 어려움을 겪는다고 하였다. Hetherington(1989)의 연구에서도 이혼가정의 아동들은 학교 내에서 공격적이었고, 반사회적인 행동을 보였으며, 동료관계와 학업성취도 면에서도 취약성을 나타내는 것으로 밝혀졌다.

이들 연구결과들을 종합해 보면, 아동이 부모의 이혼 때문에 환경적으로 불우한 조건을 갖게 되면 학교나 일상생활에서 심리 정서적으로나 사회 행동적으로 어려움을 겪을 확률이 매우 높아진다는 것을 알 수 있다.

3. 이혼가정 자녀를 위한 상담 프로그램 개발의 필요성

앞 장에서 살펴본 것과 같이 이혼가정의 자녀는 자신들의 의사와 상관없이 가족형태의 변화를 겪으면서 정신적, 심리적 박탈감을 경험하게 되고, 이는 자녀의 정서적인 문제, 학교나 사회의 적응문제 등으로 연결된다. 그러나 이혼 전 · 후의 자녀들의 문제에 대한 사회적 인식이나 지원, 지도 방법 등은 거의 없는 실정으로 이러한 문제가 더 심각해진다고 볼 수 있다.

국외에서는 이미 오래전부터 이혼가정 아동을 위한 연구가 활발히 이루어져 왔다. 일례로 미시간(Michigan) 대학 병원에서는 이혼클리닉(Divorce Clinic)을 개설하여 이혼한 부모와 자녀들을 위한 다양한 프로그램을 실시하고 있다. 또한 이혼가정 아동의 적응을 돕는 환경 요인 중에서 이혼한 부모나 이혼가정 아동을 위한 심리 상담 프로그램에 대한 연구가 활발하게 이루어져 왔다(Stolberg & Mahler, 1994). Emery, Kitzmann, 그리고 Waldron(1999)도 집단상담 프로그램과 같은 지지적 환경 요인들이 아동의 적응을 도와줄 수 있다고 하였다.

이혼에 관한 국내 연구는 1960년대에 이혼에 관련된 법, 제도상 여성이 경험하는 불리한 위치에 대해 연구한 것이 시작이었다(이태영, 1968). 이후 주로 이혼의 사회 인구학적 조사나 이혼 동향, 이혼에 영향을 미치는 사회적 배경 요인 등이 사회적 '현상'으로 다루어졌으며(최재석, 1982), 미시적 차원에서 이혼의 문제를 사적인 차원의 문제로 축소하여 이혼 태도나 이혼의 원인, 이혼 결과를 다룬 연구물이 있다. 이후 이혼을 개인적, 사적인 차원이 아니라 거시적 관점과 시대적, 사회구조적 차원에서 사회현상으로 분석하고 가족정책의 필요성을 주장하는 연구가 시작되었으며(변화순, 1987; 장현섭, 1994), 특히 법적 측면에서는 재산분할권(이화숙, 1988)과 자녀양육(최진섭, 1993; 표계학, 1995; 변화순, 1996b)에 대해 다루기 시작하였다.

그러나 국내 연구의 경우 이혼가정과 비이혼가정 아동을 비교하는 것과 이혼이 자녀들에 미치는 영향에 관해서는 많은 연구가 진행되어 왔지만, 이혼가정 자녀들을 위한 심리 상담이나 다양한 치료적 접근 방법에 대해서는 비교적 연구가 소홀하였다. 정부 차원에서 운영하는 이혼가족 대상의 심리적 지원체계는 없으며 몇몇 민간단체에서 이혼당사자를 위한 프로그램이나(변화순, 1998), 대집단 형태로 이루어진(오은순, 2001) 집단상담 프로그램, 이혼과 관련된 상담기관을 중심으로 한 프로그램, 학교를 중심으로 한 프로그램 등이 대부분이다(서문영, 2007).

이혼가정이 지속적으로 늘어나고 그에 따른 이혼가정 아동의 심리적, 사회적 피해가 많은 것을 감안하면, 앞으로 심리상담적 차원에서 이혼가정 아동에 대한 적극적인 개입이 필요하다. 이러한 적극적인 개입은 이혼가정 아동으로 하여금 부모의 이혼으로 생긴 여러 가지 심리적 어려움과 적응상의 문제점들을 극복할 수 있도록 도와주며, 좀 더 밝고 건강한 삶을 누릴 수 있도록 하는 데 든든한 자원이 될 것이다.

2
부모 이혼에 대한 연령별 이해 발달과 아동의 적응

자녀들이 부모의 이혼, 한쪽 부모의 상실, 사회 · 경제적 지위의 변화, 부모 간의 갈등, 가족 친지들과의 관계 변화 등 일련의 충격적 변화들을 어떻게 이해하고 받아들이는가는 그들의 정신건강과 적응에 커다란 영향을 미친다.

1. 이혼에 대한 연령별 이해 발달

부모의 이혼으로 아동이 겪는 심리적인 갈등은 아동의 연령에 따라 상이한 결과를 나타낸다. 그래서 이혼 당시 아동의 연령에 따라 이혼이 아동에 미치는 영향이 다르다는 연구가 이혼가정을 연구하는 전문가들의 주목을 받아 왔는데, 그중 Wallerstein과 Kelly(1980)는 Marin Country 지역의 이혼가정 자녀들을 15년간 종단 연구하여 이혼에 대한 자녀들의 반응을 다음과 같이 설명하였다.

1) 유아기

이 시기의 아동은 부모의 이혼에 대해 매우 놀라고, 분노와 슬픔을 느끼며 가끔 퇴행적인 행동을 보이며 자신이 유기되거나 다른 곳으로 보내질 것을 두려워한다. 이 시기의 아동은 부모의 결혼관계와 부모-자녀 간 관계는 별개임을 이해하지 못하며 발달단계상, 자기중심적, 주관적 사고의 결과로 부모의 이혼을 자신의 잘못으로 생각한다. 이러한 생각은 아동을 스스로 자책하게 만들며, 그 결과 분리불안, 수면장애와 같은 문제를 야기할 수도 있다.

임상적 연구에 따르면, 부모가 이혼을 결정하기 직전 혹은 직후, 이 시기 아이들이 보인 정서적 반응은 주로 두려움, 불안, 슬픔 등이었다(Wallerstein & Kelly, 1975). 이들은 배변 훈련에서 퇴행을 보이고 짜증내기, 칭얼거리기, 분리불안, 수면장애, 인지적 혼란, 자애적 행위, 대물애착증상, 공격행동의 증가, 떼쓰기 등의 문제를 나타내었다. 연구자들은 이러한 행동들이 아동들의 인지적 미성숙으로 환상과 현실의 구별 능력이 결여됨으로써 나타나는 현상이고, 또 그들의 요구가 부모에게 전적으로 의존적이라는 현실을 깨닫게 됨으로써 나타난다고 설명하고 있다. 특히 남아는 아버지의 별거를 부정하면서 광범위한 환상에 사로잡히는데 성인들을 통해서 적절한 이혼의 이유를 확인 받지 못하면 그들은 그들 나름대로의 환상 속에서 그 현상을 설명한다. 이렇게 그들 나름대로 생각한 이혼의 원인 속에 자책감을 느끼거나 자신도 버려질 수 있고 다른 사람으로 대체될 수 있는 존재라는 잘못된 믿음이 생기게 된다는 것이다.

2) 학령전기

이 시기의 아동은 심리적으로 두려움, 불안전성, 상실감 등을 경험하나 자신의 감정을 표현하는 데 어려움을 느낀다. 또한 제한된 인지로 이혼과 관련된 변화의 일부만 이해할 수 있기 때문에 부모의 이혼 후에도 지속적으로 부모와 함께 살 수 있을 것이라는 생각을 하며 부모의 재결합에 대한 강한 열망을 가지고 있다. 그래서 자신이 착한 아이가 되면 부모가 함께 살게 될 것이라고 믿기 때문에 자신을 희생하는 노력을 하기도 하는데, 이러한 노력은 아동으로 하여금 성장에 필요한 새로운 발달과업에 직면하는 대신 그 상태에 고착하도록 만들어 아동의 건강한 성장을 방해하는 것으로 나타났다.

임상적 연구에서 이 시기의 아동이 보이는 일관적인 부적응 행동으로는 퇴행현상이 있다(McDermott, 1970; Wallerstein & Kelly, 1980). 퇴행은 교사와 부모의 보고, 그리고 독립적 관찰자의 보고에서 모두 지적되는데, 더 불순종하며 의존적이고 공격적인 행동으로 나타난다. 놀이는 더 제한적이 되고 미성숙하며, 사회적 상호작용에서도 더 미성숙하고 비효율적이고 부정적 양상으로 나타나기도 한다. 또 두려움, 슬픔, 분노 등의 감정이 퇴행되고 부모에게 정서적으로 요구가 많아져 의존성, 달라붙기, 공격성 등이 나타나며 대부분의 연구들이 이 시기의 아동들의 이러한 특성을 예외 없이 보고하고 있다.

3) 학령후기

이 시기의 아동은 부모의 이혼을 좀 더 현실적으로 이해하며 자신의 감정이나 분노를 표현할 수 있다. 그러나 타인에 대한 공감능력의 향상으로 부모의 이혼에 대해 어느 정도 이해할 수는 있지만, 그렇다고 부모의 이혼을 자연스럽게 수용한다는 의미는 아니다. 이 시기의 아동들은 충성갈등에 민감한 시기로, 부모의 이혼에 대한 자신의 분노감정을 숨기고 바람직하고 긍정적인 면들을 보이려고 애쓰는 경향이 있다.

또한 이 시기 아동들은 이혼에 대하여 부인(denial)과 같은 수동적 방어나 다른 사람의 도움을 청하는 적극적 전략을 취하기도 하는데, 이혼에 대하여 생각하지 않으려는 적극적 시도와 감추려는 의도 때문에 그들이 느끼는 상실감, 거절당한 느낌, 무력감들을 쉽게 알아낼 수가 없다. 그러나 분노만은 분명히 표출되는 정서로 이 시기 대부분의 아동이 이혼에 대하여 분명히 나타내는 감정이다.

이 시기에는 이혼 후 부모의 갈등 속에 끼게 될 위험이 가장 커지는데, 부모가 자신의 편이 되어 줄 것을 자녀에게 요구하기 때문이다. 부모가 생각하기에 이 시기 정도의 아동은 자신과 한편이 되어 자신을 지지해 줄 수 있을 정도로 성숙하며 동시에 자신이 조정할 수 있다고 보기 때문이다. 그래서 다른 어떤 시기보다 부모의 동맹이나 충성 요구에 취약하다.

이 시기 부모의 이혼 경험은 아동들의 학업성취에도 영향을 미친다. Hetherington, Camara, 그리고 Featherman(1981)의 연구들을 고찰한 결과 한부모가정의 자녀들은 학업성취가 저조하며 교사로부터도 낮은 평가를 받는 것으로 나타났다. 이러한 결과는 이혼가정 자녀들의 분노가 학교에서도 표출되어 이러한 부정적 문제행동들이 학업성취도 저하시키고 선생님들로부터도 부정적 평가를 받게 하는 것으로 추측할 수 있다. 그러므로 이들의 부정적 평가는 그들의 인지적 결함 때문이라기보다 심리, 행동적 문제로부터 기인한다고 볼 수 있다.

4) 청소년기

청소년기 아동은 개방적으로 이혼에 대한 분노를 표현하기도 하고, 부모를 한 사람의 인간으로 인식하게 되어 자신의 감정과 부모 간의 고민 사이에서 거리를 유지하는 등 부모의 이혼에 대해 객관적인 입장을 취할 수 있다. 이 시기의 아동은 부모의 이혼이 자신의 잘못으로 발생하는 것이 아님을 인식하여 독립적인 태도를 취하며 에너지를 가정 밖의 생활에 집중할 수 있기 때문에 부모의 갈등에 연루되지 않고 회피하려는 노력을 하기도 한다. 그러나 급격한 심적 고통과 상실감을 겉으로 표현하지 않는 경우도 있고, 아동과 달리 부모와의 관계에서 의존과 독립의 갈등을 동시에 느끼기 때문에 심리적 분리불안의 경험이나 불복종, 공격적 행동과 같은 적응문제를 보이는 등 이혼에 따른 가족구조의 해체에 더욱 민감하게 반응할 수도 있다.

이 시기에 자아정체감을 확립하려면 청소년들 스스로 어느 정도 가족으로부터 멀어지고 독립하여야 한다. 그러나 청소년기에 이러한 독립을 획득하는 데는 많은 어려움이 뒤따른다. 특히 이혼한 가정의 자녀들이 자연스럽게 부모로부터의 독립과 자율을 성취하고 자아정체감을 확립하는 것은 쉽지 않다.

Guttmann(1993)에 따르면, 청소년기에 겪는 부모의 이혼 경험은 두 가지 부류의 행동으로 나타나는데, 하나는 퇴행적 행동으로 어린 친구들과 어울리고 학교에 결석하거나 학업성취가 뒤떨어지는 것이고, 다른 하나의 부류는 의존 욕구를 또래에게 전이하고 준비가 되지 않은 상태에서 독립적이고자 하는 것이다. 따라서 이 시기 남아들은 반사회적인 비행을 저지르기도 하며 여아의 경우 증가된 또래 의존성을 조기 이성 관계로 표출하기도 한다. 흔히 이 시기 부모의 이혼은 청소년들에게 그들이 준비되지 않은 상태에서 더 많은 책임을 부여한다. 특히 양육부모가 직업을 가진 경우는 더 많은 집안일과 동생들을 보살피는 일들을 떠맡게 되기도 하고, 경제적 문제나 사회적 관계에서도 청소년들은 부모에게 상담자나 친구의 역할을 맡기도 한다.

2. 이혼가정 아동의 적응

부모의 이혼 후 얼마 동안 이혼가정의 아동들은 대부분 처한 상황에 상관없이 어려움을 경험하게 된다. 부모의 이혼을 인생의 부정적인 사건으로 보고 그에 따른 자녀의 적응 정도를 살펴본 연구에서, Amato와 Keith(1991)는 부모의 이혼을 경험한 아동들은 정서적 적응, 비행행동, 학업성취도, 사회적 관계에서 부적응적인 반응을 보인다고 하였다. 부모의 이혼을 경험한 아동 중에는 삶의 변화에 대처 능력을 발달시키는 아동도 있으나, 대체로 가족체계의 혼란, 부모 자녀 관계의 변화 등으로 학업성취의 저하, 분노, 공격성, 대인관계 문제, 자아개념 및 인지능력에 어려움을 보이며, 초기에는 잘 극복하는 듯하나 청소년기에 가서 어려움을 겪기도 한다. 이처럼 부모의 이혼은 아동의 인지, 정서, 사회 및 행동적인 측면에서 갈등을 유발하는 중요한 생활 사건이다(최경희, 2003).

1) 인지적 측면

초등학교 6학년인 민수(가명)는 부모의 이혼 후 할머니와 살고 있다. 민수는 학교에서 하는 대부분의 학습에 흥미를 잃었고 제대로 따라가지 못한다. 초등학교 3학년 때 부모의 이혼을 경험하고 난 후, 민수의 학업수준은 초등학교 4학년 초반 수준에 머무르고 있다. 여기에는 다른 아이들처럼 부모님이 적절하게 보살펴 주지 못한다는 환경적 요인도 작용하지만, 심각한 것은 민수가 학습활동 자체에 열의를 느끼지 못하고 있다는 것이다. 민수는 하루 중 대부분의 시간을 인터넷을 하며 보내고 있다. 힘들고 우울한 현실세계보다 게임 속 가상세계가 민수에게 더 큰 즐거움을 주기 때문일 것이다. 자연스럽게 민수는 학습부진과 인터넷 중독문제를 겪고 있다.

부모의 이혼이 아동의 인지적 측면에 미치는 영향에 대한 연구들을 살펴보면, 부모의 이혼과 아동의 인지발달 간의 관련성을 밝히지 못한 연구들도 있으나(Kalter, Riemer, Brickman, & Chen, 1985), 학업성취 및 지능과 관련하여 부모의 이혼이 아동의 인지발달에 부정적인 영향을 미친다는 연구(Kinard & Reinherz, 1986)가 대체로 우세하다. 비록 인지발달에서 이혼가정의 아동이 일반가정의 아동과 직접적인 차이가 나지 않는다 해도 부모의 이혼에 따른 가족체계의 혼란, 부모-자녀 간 관계의 변화 등은 아동의 일상생활과 학업과정 등에 부정적인 영향을 미치기 때문에 아동의 학업성취에 저하를 가져온다. 또한 이혼 후 이혼가정의 아동이 보이는 공격성, 회피, 불안, 우울 등 정서, 행동적 특성 때문에 부모, 친구, 교사와의 관계에서 부정적인 관계를 맺으며, 부모의 이혼에 따른 심리, 정서적 문제가 학업에 지장을 준다(이진석, 2005).

2) 정서적 측면

동진(가명)이는 고등학교 1학년 남자아이이다. 책상 앞에 늘 멍하니 앉아 있고, 수업시간에도 딴 생각에만 빠져 있곤 한다.

학교에서는 괜히 아이들을 때리고 시비를 걸어 싸울 때가 많고, 집에서도 만사가 귀찮다며 누워 있거나 게임에만 빠져 지낸다. 성적은 당연히 하위권이다. 동진이 자신도 공부가 안 되는 것이 몹시 괴롭다. 걱정하는 엄마를 생각하면 미안하지만 막상 얼굴을 보면 엄마에게 자꾸 대들게 된다.

동진이의 부모는 동진이가 초등학교 1학년 때 이혼을 하였다. 한참 동안의 실랑이 끝에 엄마가 동진이의 양육권을 가지기로 하고 이혼하였다. 하지만 재산분할 문제를 해결하는 데 몇 년이 더 걸렸고, 그동안 아빠가 집으로 찾아와 살림을 부수고 엄마를 폭행하는 일이 잦았다. 당시 동진이는 어린 마음에도 아빠에게 화가 나고 엄마가 측은해 엄마를 행복하게 해 주겠다고 다짐하였으나, 어느 순간부터 갑자기 엄마에 대한 연민이 원망과 미움으로 돌변하기 시작하였다. 엄마가 불러도 대답조차 하지 않고 무시하였으며, 무엇을 지시하면 딴전을 피우며 게으름을 피웠다. 심리검사에서 동진이는 자신을 버린 아빠뿐만 아니라 엄마에 대한 적대감도 굉장하였다. 또 한편으로 그런 마음을 갖고 있는 자신에 대한 죄책감에 시달리고 있었다.

부모의 이혼이 아동의 정서적인 측면에 미치는 영향에 대한 많은 연구들은 아동이 부모의 이혼에 대해 부정적인 정서 반응을 나타내었다고 보고하고 있다. 이혼가정의 아동은 가정에서 일어난 일을 통제할 수 없기 때문에 분노와 무력감을 경험한다. 특히 부모가 법적인 문제로 또는 이혼 후의 영향으로 자녀들에게 전념하지 못하여 아동이 부모로부터 사랑을 받지 못한다고 느낀다면 아동은 상처와 분노를 경험한다. 이렇게 내면화된 분노 때문에 안절부절못하거나 작은 스트레스에도 지나치게 반응하게 되고, 감추어진 분노로 짜증을 잘 내거나 폭발적인 기질을 갖게 되며, 반항적, 비협조적, 공격적인 성향을 보이게 된다(McLeod, 1991). 또한 부모의 이혼은 아동에게 불안, 우울과 같은 내적 갈등을 겪게 만드는데, Wallerstein과 Kelly(1980)는 12~15세의 이혼가정 아동에게서 우울과 위축이 가장 자주 나타난다고 하였으며, 주소희(2002)는 일반가정 아동에 비해 이혼가정 아동이 더 높은 불안수준을 나타내었다고 보고하고 있다.

3) 사회 및 행동적 측면

영미(가명)는 중학교 1학년 여학생이다. 4학년 말에 부모의 이혼을 경험한 영미는 현재 엄마, 여동생과 함께 살고 있다. 영미는 부모가 이혼하기 전에는 학습의욕이 왕성했으며 학교에서 친구들과도 곧잘 어울리는 평범한 아이였다. 그러나 5학년 때 생계를 위해 엄마가 직장을 갖게 되고 본인의 의지와 상관없이 전학을 하게 되면서 영미는 학교생활 적응에 점차 어려움을 보이기 시작했다. 학교에서 수업시간이나 심지어 쉬는 시간에도 하루 종일 말 한마디 하지 않고 지낼 때가 많았고, 친구들과 어울리기보다는 혼자 책을 읽거나 공책에 낙서를 하면서 시간을 보내는 등 교우관계에서 스스로를 고립시키는 행동을 자주 보였다. 어쩌다 친구들이 말을 걸어오면 대꾸를 하지 않고 무시하거나 쌀쌀맞게 대해 친구들도 점차 영미를 멀리하게 되었다. 그러나 영미는 자신이 이혼가정의 아이이기 때문에 같은 반 친구들이 색안경을 끼고 보거나 일부러 자신을 피한다는 생각을 하고 있다. 또한 영미는 답답하고 우울한 집에 들어가기 싫어서 전학 가기 전까지 가깝게 지냈던 동네 복지관의 아이들과 어울리다가 최대한 집에 늦게 들어가려고 애를 쓴다.

많은 연구들이 이혼가정 아동은 일반가정 아동에 비해 사회, 행동적 측면의 적응에서 어려움을 보인다고 지적하고 있다. Wallerstein과 Kelly(1980)는 초등학교 아동들이 이혼을 경험할 경우 가정과 학교생활에서 참을성이 없고, 공격적이고, 거칠어지는 문제행동을 보이며 다른 아이들과의 대인관계 속에서 감정적, 사회적으로 고립되는 경향이 있어 학교생활 적응에 어려움을 겪는다고 하였다. Hetherington(1989)의 연구에서도 이혼가정의 자녀들은 학교 내에서 공격적이었고, 반사회적인 행동을 보였으며, 동료관계에서도 취약성을 나타내는 것으로 밝혀졌다. Amato와 Keith(1991)는 이혼을 경험한 아동들에 관한 92개의 연구들에 대한 메타분석에서 이혼이 아동의 품행, 심리적 적응, 그리고 사회적 관계에서 부정적인 결과를 가져온다는 것을 지적하였다. 김보경(2001)은 부모의 이혼을 경험한 아동이 일반가정 아동에 비해 특히 학교규칙 및 교우관계에 대한 적응수준이 낮게 나타났다고 보고하였다.

4) 기타

부모의 이혼이 아동에게 미치는 영향 중 또 하나 빼놓을 수 없는 것은 자아존중감의 저하다. 자아존중감이란 타인으로부터의 칭찬이나 인정보다는 자신의 생각이나 평가에 따라 느끼는 개인의 가치감이다. 즉, 자기 자신에 대한 긍정적인 평가와 관련된 것으로 자신에 대한 존경의 정도와 자신을 가치 있는 사람이라고 여기는 것을 의미한다(주남희, 1994). 이러한 자아존중감은 개인의 사고과정, 정서, 동기, 태도 및 가치관의 형성에 크게 영향을 미치는 동시에 개인의 행동 또는 목표지향적인 행동과정에 영향을 미치는 하나의 심리적 요인이다. 아동의 자아존중감은 주변 환경과의 상호작용을 통해서 형성되고 발달되며, 자아존중감의 발달 정도와 내용은 개인차를 보인다. 특히 아동의 자아존중감은 과업에 따라 변화하는 것이기 때문에 고정적이지 않으며, 자신의 환경이나 체험과의 상호작용 속에 변화하므로 초등학교 단계에서 높은 자아존중감을 갖게 하는 것이 중요하다(박용서, 1992). 특히 개개인의 환경에서 부모, 교사 및 친구들과 같은 주위 사람들의 태도에 따라 크게 영향을 받는다고 하였다(Coopersmith, 1976).

그러나 이혼가정의 아동은 부모의 이혼 전 갈등에 따른 양육태도의 불일치, 이혼에 따른 자신과 주변 사람들로부터의 부정적인 평가, 사회 환경적 요인의 변화와 부모의 뒷받침 감소로 자아존중감이 감소되거나 부정적인 영향을 받는다(최경희, 2003). 이러한 자아존중감의 저하는 아동으로 하여금 불안, 의존, 자기비하를 느끼게 만들고 인간관계에서 어려움을 겪게 하며 자신에 대한 불확실성을 환경에 투영해 버리고 적극적으로 행동하지 못하게 한다. 이 때문에 결국 성취도에서 나쁜 결과를 얻었을 때 감정, 행동, 인지적인 면에서 더욱 민감하게 부정적인 반응을 보일 수 있다.

3. 이혼가정 아동의 심리적 과제와 적응을 위한 보호요인

1) 이혼가정 아동의 심리적 과제

아동은 부모의 이혼에 따른 내적 갈등을 극복하기 위해 여러 가지 심리적 과제를 갖게 된다. 이러한 심리적 과제를 어떻게 극복하느냐에 따라 아동의 적응 양상은 많이 달라진다. Wallerstein과 Blakeslee(1989)는 부모의 이혼과 관련하여 아동이 극복해야 할 심리적 과제를 다음과 같이 제시하고 있다.

첫 번째 과제는 부모의 부부관계가 붕괴되었다는 현실을 인정하고 가족구조 및 가정생활의 변화를 이해하는 것이다. 아동은 부모의 이혼이 무엇을 의미하고 어떤 결과를 초래하는지에 대해 현실적으로 생각해 보아야 하는데, 이혼이라는 사건에 대한 아동의 인식과 이해는 연령이나 발달 관련 욕구, 갈등, 바람 등과 관련하여 개인차가 많다. 따라서 아동의 연령과

발달 수준에 맞는 이해를 통해 이혼에 따른 현실적인 변화를 수용해 가도록 하는 것이 적응을 위한 첫 번째 단계가 된다.

두 번째 과제는 아직 자기 생활이 없는 아동이 부모의 이혼 후 가능한 자기 삶에 주의를 기울이는 것이다. 즉, 학교에서의 일상적인 활동이나 친구들과의 관계를 유지하면서 학습능력이나 흥미 또는 즐거움이 가족의 위기 때문에 손상되지 않도록 하는 것이다. 따라서 가정이 혼란스러운 상황일 때 아동이 어른들로부터 어느 정도 심리적인 거리를 유지하도록 할 필요가 있다.

세 번째 과제는 상실, 거부, 죄의식 같은 감정을 극복하는 것이다. 아동이 자기 가치의식을 상실하지 않으려면 부모의 이혼에 대한 죄의식이나 부모 중 어느 한쪽을 사랑할 수 없다거나 하는 잘못된 감정을 갖지 않아야 한다. 또한 한쪽 부모의 상실이나 부모와 함께했던 일상적인 일 등의 가족 내적인 상실 외에도 이사, 전학, 이웃과의 이별, 친숙하고 흥미 있는 활동의 포기와 같은 상실을 경험해야 하므로 부모의 이혼에 따른 전반적인 상실의 고통을 이해하고 극복해야 한다.

네 번째 과제는 분노와 자책감을 극복하고 분노 대처기술을 습득하는 것이다. 부모의 이혼을 경험한 아동은 대다수 부모에 대한 분노나 미움을 표현하지 못해 심적 갈등을 겪는다. 아동에게 부모는 불안, 걱정거리이면서 동시에 매우 필요한 소중한 존재이기 때문에 아동은 분노와 애정이라는 양가감정 사이에서 혼란을 겪고 부모에게 느끼는 분노, 미움으로 불안감을 느낀다. 따라서 아동은 불편한 심리적 갈등을 없애고 분노와 미움의 감정을 밖으로 표현하며 경험할 수 있는 기회가 필요하다.

다섯 번째 과제는 이혼의 지속성을 수용하는 것이다. 가족의 복귀와 부모의 재결합에 대한 아동의 소망은 부모 이혼에 따른 충격을 극복해 나가는 과정에서 나타나는 현상 중 하나다. 이런 소망은 아동이 이혼의 지속성을 수용하지 못할 때 더욱 오래 지속된다. 그러므로 부모의 이혼은 지속되는 것이며 바꿀 수 없는 현실적 상황이라고 점진적으로 수용하는 것이 필요하다.

여섯 번째 과제는 관계에 대한 현실적인 희망을 갖고 긍정적으로 미래에 대한 전망을 찾는 것이다. 즉, 아동으로 하여금 사랑하고 사랑받는 관계에 대한 현실적인 견해를 갖게 하고 이를 유지할 수 있는 방식으로 관계를 조망할 수 있게 하는 것이다. 이것은 장기적인 과정이지만, 사춘기 아동에게는 특히 중요한 과제다.

2) 이혼가정 아동의 적응을 위한 보호요인

1장에서 살펴본 것과 같이 부모의 이혼은 자녀들에게 심리 정서적으로나 사회 행동적으로 부정적인 영향을 미치지만 아동의 개인적 특성, 내적인 자원, 그리고 환경적 요인에 따라 완화될 수 있다는 연구들도 수행되었다(Emery, 1982, 1999; Hetherington, 1989).

부모의 이혼을 경험한 아동은 부모의 이혼을 분노나 미움으로 자각하면서 여러 가지 심리적 갈등을 겪는데, 그러는 동안 대부분의 아동은 심리적으로 황폐해지지만, 어떤 아동은 무난하게 적응해 간다. 역경에도 불구하고 이렇게 잘 적응해 나가는 사례들에 관한 자료가 수집되기 시작하면서 위험에 노출되어 있음에도 불구하고 높은 적응수준을 보이는 과정 및 보호요인들에 대한 관심이 높아지고 있다(박현선, 1998). 따라서 아동의 건강한 적응을 도와주는 보호요인들을 탐색하는 작업을 통해 이혼가정 아동의 부정적인 적응을 유도하는 요인들을 차단하고, 긍정적인 적응을 촉진시킬 수 있는 방법들을 모색해 볼 수 있을 것이다.

(1) 내적 요인: 적응유연성

부모의 이혼 후 적응을 돕는 보호요인들에는 긍정적 적응의 경험, 뛰어난 문제해결력, 의사소통 기술, 효과적인 대처전략 등과 같은 내적인 자원이 있는데(Emery, 1982, 1999), 이러한 요인들 중에 적응유연성이라는 개념을 많은 연구자들이 주목하고 있다.

유연성(resilience)이란 위험 수준이 높은 스트레스 상황에서 긍정적인 기능과 유능감으로 그 상황에 성공적으로 적응해 나갈 수 있는 능력을 말한다(Egeland et al., 1993; Garmezy, 1993; Masten & Coatsworth, 1998). 적응유연성이란 역경이나 어려움 속에서 그 기능 수행을 다시 회복한다는 의미를 지니고 있는

데, 역경을 겪으면서 힘과 능력을 잃었지만 이전의 적응수준으로 다시 돌아오고 회복할 수 있는 개인의 능력을 의미한다(박현선, 1998). 유연적인 아동들은 융통성을 지니며 스트레스 상황에서 적응적이고 상황의 요구에 그들의 지각, 인지, 행동 전략을 변화시킴으로써 낯설거나 역경적인 상황에서도 효율적으로 적응하고 과제 해결을 위해 동기를 잘 조절하는 등의 행동 특성을 보인다(Block, 1980). 또한 외향적이고 성실하며 정서적으로 안정되어 있고 자신의 경험에 대해서 개방적인 특성을 지니고 있다(구형모, 2000).

학자들의 연구를 중심으로 종합해 본 적응유연성의 특성은, 첫째, 사회적 유능감을 가지고 타인들과의 관계에서 협력과 의사소통을 잘하고, 타인의 감정을 잘 공감해 주며, 자신을 둘러싼 문제 상황들을 잘 해결해 나가는 것, 둘째, 자신에 대한 지각력이 높아서 자신에 대해 확신을 가질 수 있고, 자신을 잘 이해하고 인식하는 것, 셋째, 목표의식을 가지고 미래에 대해 설계할 수 있는 능력으로 나누어 볼 수 있다. 이러한 유연성의 특성은 부모의 이혼에 따른 여러 가지 문제 상황들을 이겨 내고 아동이 긍정적으로 적응할 수 있도록 도와준다(서지영, 2002). 실제로 유연성에 대한 연구 중에는 아동이 유연성을 가지고 있다면 부모가 이혼을 했다고 하더라도 70% 이상의 아동이 성공적인 적응을 한다고 밝힌 연구도 있다(Werner & Smith, 1992).

(2) 외적 요인: 사회적 지지 및 집단상담 프로그램의 활용

부모의 이혼 후 아동의 적응에 긍정적인 영향을 주는 외적 요인으로는 사회적 지지의 활용 가능성이 있다. 사회적 지지는 개인이 자신의 대인관계로부터 얻는 긍정적인 자원으로, 개인의 심리적 적응을 돕고 좌절을 극복하며 문제해결의 도전을 받아들이는 능력을 강화시켜 준다. 또한 부모의 이혼을 경험한 아동에 대한 치료적 개입은 이혼 후 아동의 적응을 향상시키는 것으로 나타났다. 특히 이혼한 부모와 아동을 위한 집단 프로그램과 같은 지지적 환경 요인들이 아동의 적응에 효과가 있는 것으로 나타났다(Emery et al., 1999).

이혼가정 아동의 경우 이혼과정과 이혼이 주는 의미를 제대로 이해하지 못할 때 불안 및 부적응수준이 높게 나타나므로, 이혼가정 아동을 위한 집단을 구성하여 토론을 통해서 이혼에 대한 잘못된 개념을 바로잡고 가정과 사회에서 부모의 이혼으로 겪을 수 있는 문제에 대처하는 효과적인 방법을 배울 수 있는 기회를 제공하는 것이 아동이 직면하는 문제들을 다루는 데 효과적이다(우홍련, 2005). 또한 Stolberg와 Mahler(1994)는 이혼가정 아동의 친사회적 능력을 기르고, 처음 2년간 겪는 행동문제와 낮은 자아개념, 학업 실패 등의 문제를 예방하기 위하여 집단 프로그램을 실시하였는데, 프로그램 적용 결과, 집단에 참여한 아동의 자아개념이 긍정적인 방향으로 변화되었으며 추후 검사결과에서도 적응능력을 신장시켜 준 것으로 나타났다. Pedro-Carroll과 Cowen(1985)도 이혼가정 아동을 위한 개입 프로그램을 실시하였고 아동의 문제행동과 능력, 아동 자신이 평가한 자아개념과 이혼에 대한 태도 등에서 긍정적인 변화를 보였다고 보고하고 있다(김경집, 2005). 국내에서 이루어진 연구 중에서 오은순(2001)은 이혼가정 아동을 대상으로 집단 프로그램을 실시한 결과, 아동의 행동과 이혼에 대한 태도가 긍정적으로 변화되었고 불안수준이 낮아졌음을 보고하였다.

부모의 이혼으로 고통을 겪는 아동은 극복해야 할 심리적 과제를 갖게 된다. 이러한 심리적 과제를 긍정적으로 해결해 가는 과정에서 도움을 주는 보호요인으로 내적 요인과 외적 요인을 살펴보았다. 심리적 과제와 아동의 내적 자원을 보다 원활하게 활성화할 수 있기 위해서는 외적 요인인 사회적 지지의 활용 가능성을 높일 필요가 있으며 이러한 사회적 지지를 유도하는 바람직한 방안으로 집단상담 프로그램을 경험할 수 있는 기회를 제공해 주는 노력이 필요하다.

3 집단상담 프로그램

1. 집단상담 프로그램의 구성요소

이혼가정 아동을 대상으로 한 국내, 외 집단상담 프로그램들을 살펴보면 다음과 같은 구성요소를 공통적으로 찾아낼 수 있다(김경집, 2005). 이러한 구성요소들은 상담자가 집단상담 프로그램을 구성하고 집단상담 과정을 이끄는 데 이론적, 실제적으로 큰 도움을 줄 것이다.

1) 가족구조의 변화 이해하기

첫 번째 구성요소는 아동이 가족구조의 변화를 이해하는 것이다. 부모의 이혼에 따라 부모와 자녀로 이루어진 가족의 형태가 필연적으로 변화하게 되고, 아동에게는 긴장과 불편감이 증가된다. 따라서 상담자는 상담 시 가족구조의 변화를 다루는 과정에서 아동에게 부모의 이혼과정에서 느꼈던 긴장과 불편감이 어떤 것이었는지 함께 나누게 하며 부정적인 측면을 공유함으로써 고통의 시간을 객관적으로 조명해 보도록 할 수 있다. 또한 부모의 이혼 후에 예상했던 것보다 나아진 긍정적인 측면에 대해 이야기를 나눔으로써 이혼이 가져다주는 또 다른 측면을 발견하도록 할 수 있다.

2) 부모의 이혼에 대한 자신의 감정 지각하기

두 번째 구성요소는 아동이 부모의 이혼 후 갖게 되는 유기와 관련된 불안, 부모에 대한 분노와 비난 감정을 이해하는 것이다. 부모의 이혼은 대처하거나 심지어 이해하기조차 어려운 복잡한 감정을 아동에게 불러일으킨다. 아동은 인지적 이해능력의 결함이나 성인과 같은 대처 능력의 부족으로 그러한 감정에 압도당할 수 있다. 따라서 부모의 이혼으로 부모에게 갖는 감정들과 주변 사람들에게 갖는 감정들을 탐색해 보고 그중에서 심각하게 경험한 분노의 감정이나 비난의 감정들을 부각해서 조명해 보는 것이 필요하다.

3) 이혼의 개념 이해하기

세 번째 구성요소는 아동이 이혼의 개념을 이해하는 것이다. 아동은 부모의 이혼이 갖는 의미에 대한 기본적인 이해를 바탕으로 부모가 이혼하는 현실적인 이유를 파악하고, 부모의 이혼을 현실적으로 인정하는 과정이 필요하다.

4) 문제해결능력 신장시키기

네 번째 구성요소는 아동으로 하여금 현실적인 문제해결능력을 신장시키도록 하는 것이다. 아동이 부모의 이혼이 가져온 현실적인 문제를 해결할 수 있는 문제해결능력을 신장시키기 위해서는 문제해결과정에 대해 학습하고 현실에 적용하는 연습을 해 보는 것이 필요하다. 즉, 적절한 대처기술을 가지고 있지 않을 때 겪게 되는 무기력감을 극복해 주고, 자신이 할 수 있는 것과 할 수 없는 것을 구별할 수 있게 도와주는 것이다.

5) 이혼의 지속성 인식하기

다섯 번째 구성요소는 아동이 이혼의 지속성을 인식하는 것이다. 즉, 부모의 이혼은 자신의 노력이나 시간이 경과하면서 회복될 수 있는 사건이 아님을 인식하는 것이다. 이러한 인식을 바탕으로 가족구조의 새로운 변화에 대처하면서 긍정적인 자아상을 정립하는 것이 필요하다. 이러한 훈련을 통해 이혼으로 파생되는 일상의 문제를 명료화함으로써 해결능력을 키우고, 부모의 이혼을 객관적으로 바라볼 수 있게 됨으로써 새로운 가족의 모습을 탐색하게 할 수 있다.

2. 독서치료 기법

이제 위에서 살펴본 이혼가정 아동을 위한 집단상담 프로그램의 구성요소를 반영하여 만든 집단상담 프로그램을 한 가지 소개하고자 한다. 프로그램의 실제를 살펴보기에 앞서 이 프로그램에 적용된 독서치료에 대한 전반적인 이해를 돕기 위해 독서치료의 개념과 효과, 원리, 과정 등을 간단히 소개하겠다.

1) 독서치료의 개념

독서치료는 상담심리학, 문헌정보학, 교육학, 정신의학 등의 학문적 배경을 고루 갖춘 이론으로(최정미, 2002), 독서치료(bibliotherapy)란 말의 어원은 그리스어 'biblion(책, 문학)'과 'therapia(도움이 되다, 의학적으로 돕다, 병을 고쳐 주다)'라는 두 단어에서 유래되었다.

독서치료는 내담자의 특정 문제를 해결하기 위하여 어떤 구체적인 목표를 가지고 특정한 독서 자료를 선택하여 읽거나 들은 후에 토의활동이나 역할놀이, 창의적인 문제해결활동 등 구체적으로 계획된 활동을 함으로써 문제에 대한 통찰력을 이끌어 내도록 돕는 상담기법이다. 독서치료는 생활지도나 상담영역에서 전문적인 지식과 훈련을 쌓은 상담자가 문제 상황과 관련 있는 적절한 독서 자료를 사용하여 내담자가 독서 자료를 통해 자신과 타인을 이해하며 당면한 신체적, 정신적인 문제를 인식하고 해결하도록 할 뿐만 아니라 정신건강의 예방지도에도 매우 효과적으로 활용할 수 있는 방법이다.

2) 독서치료의 효과

독서치료의 효과는 Menninger로부터 시작하여 외국의 여러 논문들에서 입증되어 있고, 그 분야도 다양하게 확장되어 가고 있다. 국외에서는 상담자를 비롯한 정신건강 관련 분야의 종사자와 교사, 그리고 사서들이 오랫동안 애용해 왔다. 구체적으로 독서치료가 활용되어 온 분야로는 영재아, 사별에 따른 슬픔으로 고통받는 아동, 우울증이 있는 성인, 암 환자, 섭식장애자, 알코올 중독자 등 그 적용범위가 다양하며 그만큼 효과도 긍정적으로 나타나고 있다(이재연, 2001). 국내에서도 독서치료에 대한 관심이 높아지고 있는데, 우홍련(2005)은 이혼가정 아동의 학교생활 적응에 독서치료가 효과적이라고 보고하였다.

Hynes와 Hynes-Berry(1994)는 독서치료를 통해 내담자가 스스로를 존중하고, 자신을 더욱 건강하게 발달시키기 위한 방법들을 발견하며, 자신이 처한 여러 문제들을 좀 더 창의적이고 독창적인 방법으로 다룰 수 있도록 도와줌으로써 내담자의 자아존중감이 향상되고, 일상생활에서 겪는 자신의 내적 혹은 외적 문제들을 더 잘 이해하고 다룰 수 있는 능력을 발달시킨다고 하였다.

이혼가정 아동은 감정이나 경험을 표현하는 데 어려움을 겪기 때문에 상담 장면에서 아동과 상담자 사이의 의사소통을 원활히 해 주는 매개물이 필요하다. 특히 이혼과 관련된 자신의 감정이나 경험을 표현하는 데 거부감이 심하기 때문에 아동이 통찰할 수 있는 적절한 활동을 상담자가 제시해야 한다(최경희, 2003). 아들러식 놀이치료자들은 상호작용의 기본원리로서 놀이와 언어를 사용하며 아동이 통찰을 얻도록 하기 위해 역할극, 은유적 기법, 유머 등을 사용하는데, 그중 은유적 기법으로 활용되는 것 중 하나가 독서활동이다.

독서치료의 효과에 관한 이전의 연구들을 살펴보면, 독서치료가 아동의 사회적응행동, 자아개념, 대인관계, 주체성, 부주의 행동, 충동성 감소 등에 긍정적인 효과를 보이는 것으로 나타나고 있다. 또한 독서치료는 심리, 상담 분야에서뿐만 아니라 학교나 시설 등의 여러 분야에서 어느 연령층의 사람에게나 상담 혹은 문제예방의 방법으로 효과를 발휘하고 있고 앞으로도 그 가능성이 크다고 볼 수 있다.

3) 독서치료의 원리

Schrank(1982)과 Bath Doll과 Caroll Doll(1997)은 독서치료의 원리를 다음과 같이 설명하고 있다.

(1) 동일시

동일시(identification)는 다른 사람에게 애정을 느껴 자기와 다른 사람을 일체로 생각하도록 하는 자아의 자각 과정이다. 독서치료에서 동일시란 독서내용 중의 존경스러운 주인공이나 등장인물들의 성격, 감정, 행동, 태도 등과 일체를 꾀하면서 내담자의 행동을 변화시키는 것을 말한다.

(2) 카타르시스

카타르시스(catharsis)란 '감정 정화'라고 하는데, 상담 중 내담자의 내면에 쌓여 있는 욕구불만이나 심리적 갈등을 언어나 행동으로 표출시켜 충동적 정서나 소극적인 감정을 발산시키는 것을 말한다. 독서치료에서 카타르시스는 책 속 인물의 감정, 사고, 성격, 태도에 대한 감상을 문장이나 말로 표현하도록 하는 소위 감상의 고백을 말한다.

(3) 통찰

통찰(insight)이란 자기 자신이나 자기문제를 객관적이면서 올바르게 바라보게 되는 것으로, 카타르시스 다음에 나타나는 것이다. 독서치료에서의 통찰은 상담과정을 통해 책 속에 등장하는 인물들의 행동이나 상황을 간접적으로 경험하면서 자기 자신의 문제와 문제의 원인을 스스로 깨닫도록 하는 것이다.

(4) 문제해결

문제해결(problem solving)이란 어떤 일을 결정하고 행동하기 이전에 계획하고, 비판적이고 사려 깊게 생각하며, 다양한 관점에서 살펴보고, 자원을 많이 활용하는 방향으로 이끌어 나갈 수 있는 능력을 말한다. 독서치료에서의 문제해결과정은 내담자가 책 속에서 다른 사람이 문제를 어떻게 해결하였는지, 어떻게 질문에 답하였는지를 간접적으로 체험하면서 자신의 문제나 질문에 대한 새로운 통찰을 얻을 수 있으며 자신이 가졌던 해결책이 유일한 방법이 아니라는 인식을 가질 수 있다. 이런 과정 속에서 내담자는 자연스럽게 자신의 문제에 대한 해결책을 얻고 결과적으로 이러한 통찰을 자신에게 적용시켜 문제를 해결하게 된다.

4) 독서치료를 위한 자료의 선택

적합한 독서 자료의 선택은 독서치료에 핵심적인 과정으로 상담 결과에 큰 영향을 미친다. 적절하지 못한 독서 자료는 내담자를 토의활동으로 이끌어 감동을 주고 도전해 볼 수 있는 기회로 연결시키지 못하기 때문이다.

Rubin(1978)은 독서 자료를 선택하는 원리를 다음과 같이 설명하고 있다. 첫째, 상담자는 자신에게 친숙한 자료를 사용해야 한다. 둘째, 상담자는 독서 자료를 선정할 때 자료의 길이를 생각해야 한다. 관계없는 세부 사항이나 상황을 가진 복잡한 자료들은 내담자가 그런 자료들을 다룰 수 있을 때까지 피해야 한다. 셋째, 내담자의 문제가 고려되어야 한다. 동일할 필요는 없지만, 일반적으로 독서 자료들은 대체로 내담자의 문제에 적용될 수 있어야 하며 내담자가 나타내고 있는 감정이나 분위기와 동일한 감정과 분위기를 주는 것이 좋다. 그러나 예외적인 경우로, 절망적이라든지 부정적인 내용 또는 자살의 내용 등은 금한다. 넷째, 내담자의 독서 능력과 연령이

고려되어야 한다. 다섯째, 시청각 자료도 인쇄 자료만큼이나 많은 주의와 세심한 비판으로 선정해야 한다.

5) 독서치료의 과정

독서치료의 과정은 구조화된 상담의 맥락에서 그 과정을 설명한 Doll 부부(Doll & Doll, 1997)에 따라 다음과 같이 다섯 단계로 나눠 볼 수 있다.

첫 번째는 준비단계다. 이 단계는 내담자와 상담자가 먼저 라포를 형성하고, 내담자와 함께 그가 지닌 문제가 무엇인지 명료화하며, 그 문제의 범위와 성격을 진단하여 기타 필요한 대로 내담자의 상황을 파악하는 단계다. 이 단계에서는 필요하다면 표준화된 검사척도를 사용할 수 있고 상담을 어느 정도 구조화한다.

두 번째는 적절한 독서 자료를 선정하는 단계다. 독서치료에서 적절한 도서를 선택하는 것은 개입의 핵심 부분 중 하나다. 그러기 위해 내담자의 심리 정서적 문제의 해결을 돕는 책이어야 하고 내담자의 독서연령(Reading Age)을 고려하여 선택하여야 한다. 너무 쉬운 책은 무시받는 느낌이 들게 하고 너무 어려운 책은 좌절감을 불러일으킬 수 있기 때문이다.

세 번째는 내담자의 관심을 고조시키는 방법으로 책을 소개하는 단계다. 이때 책에 대한 과도한 부담감이나 건강하지 않은 감정적 반응을 포착하고 조절한다. 책이 내담자에게 너무 어려워 보이거나 쉬워 보이는 것 모두 독서의 동기를 저하시키므로 세심한 주의가 필요하다. 내담자가 책을 좋아하는 성향의 사람이라면 쉽게 독서치료를 진행할 수 있지만 그렇지 못한 경우는 동기부여 과정이 중요하다. 아주 어리거나 독서에 심한 장애가 있는 경우 읽어 주는 방법을 택할 수도 있다.

네 번째는 책의 이해를 돕는 단계다. 이 단계에서 상담자는 책의 본문과 내담자가 치료적으로 상호작용할 수 있도록 개입해야 한다. 즉, 이 단계에서 상담자는 독서치료의 4가지 원리인 동일시, 카타르시스, 통찰, 문제해결의 원리가 일어나도록 촉진해야 한다. 이 단계에는 읽기 활동과 읽은 후 활동이 포함된다. 읽기 활동 시에는 내담자가 책의 주요 등장인물이나 문제를 탐구하고, 등장인물들을 어떤 특정한 행동으로 이끄는 동기에 관심을 가지도록 하며, 책에서 시도되는 문제들과 해결책과 다른 해결책의 과정을 찾아내도록 하며, 등장인물들이 지닌 문제와 내담자 자신이 지닌 문제 사이의 유사성을 직시하도록 돕는 것이 필요하다. 읽은 후 활동은 책을 읽거나 들은 후 토의나 역할놀이, 창의적인 문제해결활동 등 구체적으로 계획된 활동을 함으로써 독서 자료에서 문제에 대한 통찰력을 이끌어 내도록 돕는 것을 말한다. 즉, 그리기나 글쓰기 활동과 접목시키면 더욱 효과적이며, 노작활동(지점토와 같이 손으로 만지면서 하는 활동)을 하는 것은 읽기를 더욱 흥미 있게 하고 심화하는 데 도움이 된다. 또한 조사나 인터뷰 활동 등 실제 상황에서 표현이나 탐구활동을 전개할 수도 있다.

끝으로 다섯 번째는 내담자가 위의 읽기 단계를 통해 깨달은 것을 실제 행동으로 옮길 수 있도록 격려하는 단계다. 즉, 내담자가 성공적으로 수행할 만한 합리적인 행동을 발전시키도록 도우며, 자신이 결심한 것을 실제 행동에 옮겼는지 모니터하고, 결심한 행동이 효과적으로 표출될 때까지 지속적으로 노력하도록 격려한다.

3. 독서치료 기법을 적용한 집단상담 프로그램 개관

1) 프로그램의 개관

이 프로그램은 이혼가정 아동 중 초등학교 고학년 아동들을 하나의 소집단(10명 내외)으로 구성하여 활동하도록 만들어진 독서치료 기법을 적용한 집단상담 프로그램이다. 따라서 소집단으로 프로그램이 진행될 수 있다면, 학교나 복지관, 사설 상담소 등 다양한 기관에서 활용할 수 있다.

각 회기는 120분 정도의 분량으로 8회기에 걸쳐 구성되었으며 회기별로 초반에는 몸풀기 활동, 중반에는 읽은 책 내용에 바탕을 둔 토의활동과 책 내용을 내면화시키기 위한 심화활동, 후반에는 활동 후 소감 나누기와 마무리로 구성되어 있다.

또한 회기별 활동에서, 각 회기 중반의 독서토의 활동에는 독서치료의 원리가 반영되었고, 중반의 심화활동 및 초반의 몸풀기 활동, 후반의 활동들은 집단역동의 발달과 전개과정에 맞추어 이혼가정 아동을 위한 집단상담 프로그램의 구성요소를 고려하여 구성되었다.

'프로그램 전체 요약' 부분에서는 프로그램의 운영을 위한 전체적인 큰 밑그림이 그려져 있고, 이어지는 '집단상담 프로그램의 실제' 부분에는 세부적인 운영방법이 매뉴얼 형식으로 소개되어 있다.

그러나 경험이 많은 상담자는 여기에 제시된 내용보다 더 다양한 자료와 노하우를 가지고 있을 수 있으므로 자신이 진행하고자 하는 프로그램의 회기별 주제와 목표에 따라 이 프로그램에서 사용된 도서나 심화활동 외에 다른 자료로 재량껏 바꾸어 활용할 수도 있다.

프로그램 전체 요약

회 기	구성 요소	제목	활동 흐름	주요 활동	시 간
1	프로그램 오리엔테이션 및 도입	프로그램 소개와 인사하기	초반	1. 프로그램 소개하기	10분
			중반	2. 내 친구 소개하기 3. 별칭 짓고 소개하기 4. 집단 규칙 정하기	30분 30분 30분
			후반	5. 소감 나누기 6. 집단 경험 보고서, 독서과제 소개 (책: 『미운 돌멩이』 읽어 오기-책은 상담자가 준비)	20분

첫 회기는 도입단계로서 집단원들이 자유롭게 자신을 표현하고 편안함을 느낄 수 있는 지지적 집단환경을 조성하며, 프로그램의 규칙을 이해하고 참가자로서의 의무를 숙지하는 것을 목표로 한다.

도입단계에서는 집단원들이 긴장된 분위기를 풀고 편안한 마음으로 얘기할 수 있도록 수용적인 분위기를 조성하는 것이 필요하다.

먼저 이 프로그램의 목적과 진행 일정, 시간, 방법과 프로그램에 대한 오리엔테이션, 프로그램 참여도와 출석, 과제 등을 집단원 모두에게 설명해 준다(프로그램에 대한 오리엔테이션).

프로그램에 대한 오리엔테이션이 끝나면 친구 소개하기 및 별칭 짓기 활동으로 자연스럽게 자기를 소개하는 시간을 갖는다. 먼저 짝을 정해서 두 사람씩 대화를 나눈다. 대화 내용은 학교생활에 관한 사항(학교에서 친구들이 붙여 준 별명, 좋아하는 과목 등)과 관심사항(최근에 즐거웠던 경험이나 활동 등) 등으로 구성할 수 있으며 대화가 끝난 후 원하는 집단원부터 자신의 짝을 다른 집단원들에게 소개한다. 친구 소개하기가 끝나면, 집단원은 자신이 집단에서 불리고 싶은 별칭을 짓고 그 이유에 대해 돌아가며 소개하는 시간을 갖는다.

별칭 소개까지 마치고 집단 분위기가 어느 정도 활성화되면 상담자는 집단원들과 함께 집단 참여에 대한 규칙을 정하는 시간을 갖는다.

끝으로 이번 회기를 참여하며 느낀 소감을 집단 전체가 함께 나누고 과제 제시(책: 『미운 돌멩이』 읽어 오기/집단 경험 보고서 쓰기)로 회기의 끝을 맺는다.

회기	구성 요소	제목	활동 흐름	주요 활동	시간
2	감정 자각 및 표현 하기	나는 누구 인가?	초반	1. 몸풀기: 자리배치 게임	10분
			중반	2. 독서 토의활동: 책-『미운 돌멩이』 3. 심화활동: 활동지-'나는 누구인가?'	50분 40분
			후반	4. 소감 나누기 5. 집단 경험 보고서, 독서과제 소개 (책: 『문제아』, pp. 91~105-'김미선 선생님' 읽어 오기-책은 상담자가 준비)	20분

이번 회기는 집단원들이 인생의 중요한 사건들을 기억하고 재경험함으로써 서로의 다양한 경험들이 결국 현재 각자의 개성이 되었음을 이해하고 서로 소중하게 생각하도록 하는 것을 목표로 한다. 즉, 집단원 자신이 느꼈던 부정적인 감정(부모의 이혼에 대한 느낌들이 이번 회기부터 표현될 수도 있다.)이나 느낌들이 현재 자신의 감정과 행동에 어떠한 영향을 주었는지 이해하도록 하는 것이며 나아가 어떠한 일, 고통, 좌절 모두가 자신이 성숙하는 계기가 될 수도 있음을 깨닫고 긍정적으로 수용하게 하는 것이다.

먼저 초반에는 집단의 응집력과 친밀감을 향상시키기 위해 자리배치 게임으로 몸풀기 활동을 한다.

중반 첫 번째 활동으로, 과제로 내준 책 『미운 돌멩이』의 내용으로 토의활동을 한다. 토의활동 시에는 독서치료의 기본원리인 동일시, 카타르시스, 통찰, 문제해결의 원리가 잘 적용되도록 적절한 질문을 통해 집단의 상호작용을 촉진시킨다. 토의활동이 끝나면 활동지 '나는 누구인가?'를 활용하여 심화활동을 한다. 잠시 명상에 잠겨 지나온 세월을 돌이켜 보는 시간을 갖도록 한 후, 활동지의 '인생의 중요한 사건들' '표정 찾기' 활동에 답을 하면서 그때의 심정에 머물러 보도록 한다. 이 단계에서 감정을 나타내는 말들에는 어떤 것들이 있는지 찾아보고, 상담자가 예로 제시하는 감정과 관련된 그림을 보면서 감정을 표현해 보도록 한다. 상담자는 집단원들이 느끼는 감정 중에서 우울과 수치심 등의 감정에 초점을 맞추어 이야기하도록 방향을 잡을 수도 있다.

집단원들이 충분히 자신의 감정에 머물러 볼 수 있는 시간을 가진 후, 현재를 지나 앞으로의 모습에 대한 기대를 콜라주로 표현해 보면서 집단원 스스로 상담의 목표를 설정하는 시간을 갖는다.

마무리로 이번 회기의 활동에서 느낀 소감을 집단 전체가 함께 나누고 과제 제시(책: 『문제아』 pp. 91~105-'김미선 선생님' 읽어 오기/집단 경험 보고서 쓰기)로 회기의 끝을 맺는다.

<table>
<tr><th>회 기</th><th>구성 요소</th><th>제목</th><th>활동 흐름</th><th>주요 활동</th><th>시 간</th></tr>
<tr><td rowspan="4">3</td><td rowspan="4">감정자각 및 자기조절 능력 기르기</td><td rowspan="4">이런 기분이 들어요</td><td>초반</td><td>1. 몸풀기: 로봇 놀이</td><td>10분</td></tr>
<tr><td rowspan="2">중반</td><td>2. 독서 토의활동: 책-『문제아』, pp. 91~105</td><td>50분</td></tr>
<tr><td>3. 심화활동: 신문지 찢기</td><td>40분</td></tr>
<tr><td>후반</td><td>4. 소감 나누기
5. 집단 경험 보고서, 독서과제 소개 (책: 『너도 하늘말나리야』 읽어 오기-책은 상담자가 준비)</td><td>20분</td></tr>
</table>

이번 회기는 부모의 이혼으로 집단원들이 가질 수 있는 분노와 부모에 대한 비난의 감정을 드러내게 하여 집단원들의 감정을 표현하게 하고 명료화시켜 카타르시스를 느끼고, 더불어 건전하면서도 다양한 문제해결 방법을 생각하며 자기조절능력을 향상시키도록 하는 것을 목표로 한다.

먼저 초반에는 신체언어를 통해 집단원들의 심리적 경직성을 완화하고 신체접촉을 통한 집단 응집력을 향상시킬 목적으로 '로봇 놀이'로 몸풀기 활동을 한다.

중반 첫 번째 활동으로, 과제로 내준 책 '김미선 선생님'의 내용으로 토의활동을 한다. 토의활동 시에는 독서치료의 기본원리인 동일시, 카타르시스, 통찰, 문제해결의 원리가 잘 적용되도록 적절한 질문을 통해 집단의 상호작용을 촉진시킨다. 이 과정에서 상담자는 집단원들이 개인적인 경험을 이야기하도록 유도하여 적절한 토의활동이 이루어질 수 있게 하되, 자연스럽게 부모의 이혼 후 느꼈던 감정 중에서 분노를 느꼈던 경험이 있는지 얘기해 보게 한다. 또한 이러한 분노의 감정과 부모를 비난하는 것의 원인이 무엇인지 함께 나누어 보고 분노가 일어나는 상황에서 어떻게 하면 분노에 대처할 수 있는지에 대해서도 이해하게 한다. 토의활동이 끝나면 '신문지 찢기'를 활용하여 심화활동을 한다. 이때는 부모의 이혼으로 우울하고 속상했던 상황, 일상생활에서 자신을 슬프게 했던 상황과 감정을 자연스럽게 표현하도록 하는 데, 이 활동을 통해 집단원이 감정 세계를 표현함으로써 카타르시스를 느낄 수 있게 함과 동시에 건전하면서도 다양한 문제해결 방법을 생각해 보며 자기 조절능력을 향상시킬 수 있도록 한다. 또한 부모의 이혼으로 가졌던 생각이나 느낌들에 함께 공유할 수 있는 부분이 있음을 알게 하고, 같은 입장에 있는 친구를 통해 자신이 놓인 상황을 새로운 시각에서 이해하고 받아들일 수 있게 한다.

마무리로 이번 회기의 활동에서 느낀 소감을 집단 전체가 함께 나누고 과제 제시(책-『너도 하늘말나리야』 읽어 오기/집단 경험 보고서 쓰기)로 회기의 끝을 맺는다.

<table>
<tr><th>회 기</th><th>구성 요소</th><th>제목</th><th>활동 흐름</th><th>주요 활동</th><th>시 간</th></tr>
<tr><td rowspan="4">4</td><td rowspan="4">이혼 개념 및 가족구조의 변화 이해</td><td rowspan="4">이혼이란 뭘까?</td><td>초반</td><td>1. 몸풀기: 상황설정</td><td>10분</td></tr>
<tr><td rowspan="2">중반</td><td>2. 독서 토의활동: 책-『너도 하늘말나리야』</td><td>50분</td></tr>
<tr><td>3. 심화활동: 가족화 그리기 또는 지점토로 만들기</td><td>40분</td></tr>
<tr><td>후반</td><td>4. 소감 나누기
5. 집단 경험 보고서, 독서과제 소개 (책: 『문제아』, pp. 105~116-'김미선 선생님' 읽어 오기-책은 상담자가 준비)</td><td>20분</td></tr>
</table>

이번 회기는 부모의 이혼으로 가졌던 변화와 감정에 대한 이해를 바탕으로 부모의 이혼을 인지적으로 이해하는 것을 목표로 한다. 구체적으로 이혼의 기본 개념을 이해하고 부모가 이혼하는 원인이 다양함을 파악하고 인정하도록 한다. 집단원들은 부모가 왜 이혼을 했는지에 대해 얼마나 알고 있는지를 토의하여 부모의 이혼 전후에 어떤 차이가 있는지를 비교해 볼 수 있고 이러한 비교를 통해 바람직한 변화는 어떤 것인지에 대한 대안을 모색해 볼 수 있다.

먼저 초반에는 특정한 상황 속에서의 자기표현으로, 집단 참여와 자발성 및 응집력을 높일 목적으로 '상황설정'으로써 몸풀기 활동을 한다.

중반 첫 번째 활동으로, 과제로 내준 책 『너도 하늘말나리야』의 내용으로 토의활동을 한다. 토의활동이 끝나면 '가족화 그리기'나 '점토로 가족 만들기'를 활용하여 심화활동을 한다. 심화활동을 하는 과정에서 집단원들로 하여금 가족을 묘사하고 그에 대한 자신의 느낌을 표현하게 한다. 이 활동을 통해 집단원들은 가족 간의 심리적 거리와 자신과의 관계를 살펴보는 기회를 갖게 되며, 자신을 둘러싼 중요한 가족관계를 이해함으로써 현재 모습의 형성과정과 현재 모습에 영향을 미친 인물 등 심화된 자기이해를 경험하게 된다. 이와 동시에 자신이 겪고 있는 현재 어려움의 형성과정이나 원인에 대한 통찰의 기회를 제공받을 수 있다.

마무리로 이번 회기의 활동에서 느낀 소감을 집단 전체가 함께 나누고 과제 제시(책-『문제아』, pp. 105~116-'김미선 선생님' 끝까지 읽어 오기/집단 경험 보고서 쓰기)로 회기의 끝을 맺는다.

회 기	구성 요소	제목	활동 흐름	주요 활동	시 간
5	문제해결 능력 신장 (분노 대처 기술 습득)	스트레스에 대처하기	초반	1. 몸풀기: 풍선 터뜨리기	10분
			중반	2. 독서 토의활동: 책-『문제아』, pp. 105～116 3. 심화활동: 미니 인형극	40분 50분
			후반	4. 소감 나누기 5. 집단 경험 보고서, 독서과제 소개 (책: 『왜 나를 미워해』 읽어 오기-책은 상담자가 준비)	20분

이 회기는 부모의 이혼으로 발생한 여러 가지 스트레스 상황에 대처하는 연습을 하는 데 목표를 둔다.

먼저 초반에는 집단원들의 흥미와 자발성을 높이고 신체언어가 가지고 있는 힘들을 이용하여 스트레스와 분노감정을 해소하도록 '가장 화나는 일을 담은 풍선 터뜨리기'로 몸풀기 활동을 한다.

중반 첫 번째 활동으로, 과제로 내준 책 '김미선 선생님-종반부'의 내용으로 토의활동을 한다. 토의 시에는 집단원들이 부모의 이혼 후 느꼈던 감정들 중에서 분노의 경험이나 일상생활 속에서 느꼈던 화나 분노의 감정을 떠올려 보게 한 다음, 이러한 분노의 원인이 무엇인지를 함께 토의하고, 분노를 일으키는 과정에 대해 알게 한다. 또한 분노가 일어나는 상황에서 어떻게 하면 분노에 대처할 수 있는지를 생각해 보고, 분노의 느낌이 들 때 긴장을 완화함으로써 분노를 가라앉힐 수 있는 방법에 대해 토의해 보도록 한다. 상담자는 토의 과정 중에 나온 집단원들의 실제적인 문제나 상상한 문제에 대해 다른 집단원들은 어떻게 느꼈는지를 이야기하도록 하며, 대안적인 방법을 모색하도록 적극적인 참여를 유도한다. 상담자는 집단원들로 하여금 문제 상황에 대해 혼란을 느끼고 있음을 솔직하게 표현하고, 그 문제가 만족스럽게 해결될 때까지 여러 가지 해결방안을 모색하도록 권하는 것이 좋다. 토의활동이 끝나면 '미니 인형극'을 활용하여 심화활동을 한다. 마무리로 이번 회기의 활동에서 느낀 소감을 집단 전체가 함께 나누고 과제 제시(책-『왜 나를 미워해』 읽어 오기/집단 경험 보고서 쓰기)로 회기의 끝을 맺는다.

회 기	구성 요소	제목	활동 흐름	주요 활동	시 간
6	문제해결 능력 신장 (사회적 문제해결 기술 습득)	우린 멋진 친구	초반	1. 몸풀기: 인간 실 풀기	10분
			중반	2. 독서 토의활동: 책-『왜 나를 미워해』 3. 심화활동: 친구 사귀기 특성경매	50분 40분
			후반	4. 소감 나누기 5. 집단 경험 보고서, 독서과제 소개 (책: 『마당을 나온 암탉』 읽어 오기-책은 상담자가 준비)	20분

이 회기의 목표는 사회적인 문제해결 및 스트레스 상황의 극복 방법을 학습, 연습하는 것이다.

먼저 초반에는 집단 응집력의 향상과 함께 꼬인 손을 풀듯이 인간관계에서 느끼는 어려움에도 해결책이 있으며 함께 힘을 합쳐 문제를 풀 수 있음을 은연중에 느낄 수 있도록 '인간 실 풀기'로 몸풀기 활동을 한다.

중반 첫 번째 활동으로, 과제로 내준 책 『왜 나를 미워해』의 내용으로 토의활동을 한다. 상담자는 감정이나 문제에 대한 토의에서 점차 그 문제를 어떻게 해결할 것인가의 방향으로 대화의 초점을 맞추며, 문제는 누구나 가지고 있다는 일반성과 보편성의 개념을 강조하고, 그것을 다루는 방식에 대해 명료화한다. 토의활동이 끝나면 '친구 사귀기 특성경매'를 활용하여 심화활동을 한다. 이 활동을 통해 집단원들은 친구가 많은 동료의 특성을 스스로 찾아내서 문제해결의 자원으로 활용함과 동시에 교우관계(인간관계)에 대한 통찰력을 얻을 수 있다.

마무리로 이번 회기의 활동에서 느낀 소감을 집단 전체가 함께 나누고 과제 제시(책-『마당을 나온 암탉』 읽어 오기/집단 경험 보고서 쓰기)로 회기의 끝을 맺는다.

회 기	구성 요소	제목	활동 흐름	주요 활동	시 간
7	이혼의 지속성 인식	내가 가장 소중한 보물	초반	1. 몸풀기: 등 받쳐 주기	10분
			중반	2. 독서 토의활동: 책-『마당을 나온 암탉』 3. 심화활동: 장점 선물하기	50분 50분
			후반	4. 소감 나누기 5. 마지막 회기에는 독서 토의활동이 없으므로 과제가 없음	10분

이번 회기는 부모 이혼의 지속성에 대해 인식하고, 가족구조의 새로운 변화에 대해 이해하며 자신을 새롭게 정립해 가는 것을 목표로 한다.

먼저 초반에는 집단원들이 상호 신뢰감을 가질 수 있도록 '등 받쳐 주기'로 몸풀기 활동을 한다.

중반 첫 번째 활동으로, 과제로 내준 책 『마당을 나온 암탉』의 내용으로 토의활동을 한다. 토의활동이 끝나면 '장점 선물'을 활용하여 심화활동을 한다. 이 활동은 집단원들로 하여금 자신이 스스로에 대해서 알지 못했던 자신의 장점을 발견할 수 있는 기회를 제공해 주며 긍정적인 피드백을 통해서 집단원의 전체 분위기가 밝아지도록 한다. 또한 활동에서 형성되는 긍정적이고 활발한 집단 분위기는 전체 집단과정의 마무리가 효과적이 되도록 돕고 타인의 숨은 특성을 발견할 수 있는 안목을 길러 준다.

마무리로 이번 회기의 활동에서 느낀 소감을 집단 전체가 함께 나누고 과제 제시(다음이 마지막 회기라 독서과제는 없음/집단 경험 보고서 쓰기)로 회기의 끝을 맺는다.

회기	구성 요소	제목	활동 흐름	주요 활동	시간
8	희망 갖기	자기 수용하기 및 평가	초반	1. 프로그램에 대한 소감 및 종결에 대한 느낌 나누기	30분
			중반	2. 활동: 나에게 쓰는 편지	30분
			후반	3. 종결파티와 마무리	60분

이번 회기는 집단 경험에 대한 자신의 감정을 표현할 수 있는 기회를 부여하고, 집단원들로 하여금 지지받을 수 있는 자원을 탐색하고 도움을 청할 수 있도록 격려해 주는 데 목표를 둔다.

먼저 초반에는 집단의 종결에 대한 느낌 나누기로 시작한다.

중반 활동으로 '나에게 쓰는 편지' 활동으로 들어간다. 이 활동을 통해 집단원들은 현재의 모습 중 버리거나 고치고 싶고 개선하고 싶은 부분이 무엇인지를 확인하고 자신이 추구하고 지향하는 모습이 무엇인지를 생각해 볼 수 있게 된다. 집단원들은 자기 자신에 대한 기대를 살펴보고 수용하는 경험을 토대로 앞으로의 삶에 도움이 되는 계획을 세우는 기회를 얻게 되며 자기 성찰력과 자아확립의 기회를 갖는다. 집단원들은 집단이 끝나고 일정한 시간이 지난 후에 이 편지를 받게 되므로 집단 후 그동안의 삶을 돌아보고 점검해 볼 수 있으며, 이와 동시에 연장 상담의 느낌을 가지고 자기 강화를 할 수 있는 기회를 갖는다.

마무리로 이번 회기의 활동에서 느낀 소감을 집단 전체가 함께 나누고, 이 프로그램을 시작하기 전과 진행되는 과정에서 갖게 된 느낌을 공유한다. 또 프로그램에 참여함으로써 좋았던 점, 아쉬웠던 점, 상담자 선생님과 친구들과 나누고 싶은 이야기, 변화가 필요한 점 등을 발표해 봄으로써 프로그램에 대한 생각을 정리한다.

마지막으로는 종결파티로 회기를 마무리한다.

4 집단상담 프로그램의 실제

1. 독서치료 기법을 적용한 집단상담 프로그램 지침서

〈1회기〉 프로그램 소개와 인사하기

1) 프로그램 소개하기(10분)

- 상담자와 집단상담 프로그램의 목적 소개하기
- 진행 일정과 시간, 방법 소개하기
- 집단 경험 보고서('집단 경험 보고서 양식' 되돌아보기)와 프로그램 참여도와 출석, 과제(상담자가 제공해 주는 책 읽어 오기)에 대한 설명; 집단원들은 집단 경험 보고서를 프로그램을 실시한 직후나 그날에 기록하여 다음 회기 시작 전에 상담자에게 제출하고, 상담자는 이 보고서 여백에 그 집단원에 대한 간단한 피드백을 기록하여 다음 회기가 끝난 후 집단

원에게 돌려준다(경험 보고서에 대한 피드백은 구두로도 가능하다). 집단원의 프로그램 참여도를 평가하는 자료로 활용할 수도 있다.

〈목적 및 기대효과〉

- 프로그램의 규칙을 이해하고, 참가자로서 책임감을 갖고 적극적으로 참여하고자 하는 동기를 부여해 준다.
- 집단 경험 보고서는 첫 회기에 미리 프로그램의 회기 수만큼 집단원들에게 나누어 주는 것이 좋다.

  이 보고서는 각 회기가 끝난 후 집단원들이 그 회기를 돌아보며 느꼈던 점에 대해 쓰는 것으로, 상담자는 집단 경험 보고서를 보고 집단원들에게 개인적으로 피드백(집단원이 쓴 보고서 양식 한쪽에 글로 써 주거나 구두로 전달하기 등)을 줄 수도 있고, 집단 진행 중 집단의 역동과 상호작용을 촉진하는 자료로 활용할 수 있다.

2) <u>내 친구 소개하기</u>(30분)

- 집단원의 반수만큼 종이(잡지)를 준비하여 두 쪽으로 찢어 집단원들에게 나누어 준다.
- 집단원들은 반쪽 종이(잡지)를 들고 서로 짝이 맞는 사람을 찾아 나선다.
- 종이(잡지)의 이가 맞으면 그 사람과 짝이 된다.
- 짝을 찾으면 활동지('내 친구를 소개합니다')를 가지고 5분간

짝과 함께 서로에 대해 이야기한다.

- 활동지가 완성이 되면 전체 집단원들에게 자신의 짝에 대해 소개한다.

〈목적 및 기대효과〉

- 짝을 지어 자신을 소개하도록 하여 집단원들에게 상호작용을 촉진하는 기회를 제공할 수 있다.
- 처음 만나는 여러 사람 앞에서 자신을 소개하는 것보다 한 사람하고만 이야기를 나누고 또 다른 사람을 통해 소개를 받게 함으로써 불안을 덜어 줄 수 있다.

3) 별칭 짓고 소개하기(30분)

- 자신이 집단 내에서 불리기 원하는 별칭을 짓고, 자신이 선택한 별칭에 대하여 그 이유를 설명하도록 한다.

〈목적 및 기대효과〉

- 집단 내에서는 별칭을 사용하기 때문에 집단 밖에서의 사회적 관계를 벗어나서 자유롭고 평등한 관계에서 상호작용할 수 있다.
- 기존의 별명을 사용할 때는 집단원에 대한 가족, 친구 등의 지각과 기대 혹은 사회적인 모습이 반영되어 있는 경우가 많으므로 개개인에 대해 더 잘 이해할 수 있다.
- 불리고 싶은 별칭을 사용할 경우, 집단원의 욕구와 바람, 지

향, 자기상은 물론 현재의 고민거리나 과제 등을 반영하는 경우가 많다. 이로써 서로에 대한 이해가 심화되는 것은 물론 집단 활동을 통해 그 집단원을 도울 수 있다고 짐작해 볼 수 있다.

- 별칭을 통해 한 집단에 속했다는 소속감과 함께 집단 내 친밀감과 응집력을 높일 수 있다.
- 별칭으로 불리고 기억되는 경향이 있으므로 자연스럽게 비밀보장이 확보될 수 있다.
- 별칭 짓기를 '내 친구 소개하기' 뒤에 실시하여 그 사람에 대한 대략적인 이미지와 정보를 갖고 있는 상태이기 때문에 긴 설명 없이도 별칭과 그 선택 이유를 이해하기 쉽다.

〈유의사항〉

- 별칭을 암시하거나 지어 주거나 써 주는 등의 친절을 삼간다.
- 별칭을 짓는 데 너무 오랜 시간이 걸리지 않도록 살핀다.

4) 집단 규칙 정하기(활동지 – '우리가 함께 지켜야 할 것들') (30분)

- 상담자가 정한 집단 규칙에 집단원들이 집단 참여에 대한 규칙을 추가하게 하여 집단 참여의 자발성을 높인다.
- 추가하여 함께 정한 규칙을 전지에 적고 집단원들로 하여금 숙지하도록 하며 상담자는 정한 규칙을 집단과정에 활용한다.

5) 소감 나누기 및 과제 제시: 집단 경험 보고서 쓰기, 『미운 돌멩이』 읽어 오기(20분)

〈준비물〉

오리엔테이션 자료, 집단 경험 보고서 양식, 종이(잡지), 활동지, 명찰, 속지, 색깔 펜, 전지

〈활동지 예시〉

우리가 함께 지켜야 할 것들

1. 나는 프로그램 시작 시간에 늦지 않겠습니다.
2. 나는 프로그램 중에 알게 된 친구의 이야기나 함께 나눈 말에 대해서 비밀을 지키겠습니다.
3. 다른 사람이 나와 같이 되기를 요구하거나 평가하지 않도록 노력하겠습니다.
4. 가능한 나의 생각을 정직하고 솔직하게 이야기하고, 다른 친구들이 이야기할 때 귀를 기울여 듣겠습니다.
5. 누군가와 이야기를 하고 싶으면 그 사람의 눈을 바라보면서 이야기하겠습니다.
6. 나는 친구들의 말을 좋은 의도로 받아들이고 진지하게 생각하겠습니다.
7. 나는 주어진 과제를 용기 있게 실천해 보겠습니다.
8.
9.
10.

이상 열 가지의 항목을 반드시 지킬 것을 친구들과 선생님 앞에서 약속합니다.

년 월 일

이름 ( ) 인

〈활동지 예시〉

내 친구를 소개합니다

이름: ____________

• 지금 친구들이 부르는 별명은 ______________________입니다.

• 이 별명이 붙게 된 까닭은 ______________________입니다.

• 좋아하는 과목은 ______________________입니다.

• 최근에 가장 기뻤던 일은 ______________________

______________________입니다.

• 최근에 몹시 화가 났던 경우는 ______________________

______________________입니다.

• 앞으로 ______________________ 가(이) 되고 싶습니다.

그 이유는 ______________________ 때문입니다.

• ______________________ 라는 말을 들을 때 기분이 아주 좋습니다.

• 기 타:

〈집단 경험 보고서 양식 예시〉

되돌아보기

(　　)회　별칭: ________

• 지금 내 기분은 ________________________________하다.

• 나는 오늘 ________________________________

________________________________을(를) 깨닫게 되었다.

• 오늘 프로그램 중에서 가장 인상적이었던 것은 ________________

________________________________이다.

• 오늘 프로그램에 참여해 본 소감은 어떠했는가?
또 친구들이나 상담자 선생님께 하고 싶은 말은?

〈2회기〉 나는 누구인가?

1) 몸풀기: 자리배치 게임(10분)

- "나는---(사실)합니다."라고 하면 그러한 행동을 하는 사람은 모두 자리를 바꾸어 앉아야 한다(예: 나는 아침마다 세수를 합니다. 나는 안경을 쓰고 있습니다 등).
- 술래의 좌석은 없어야 한다(시작하기 전 술래를 정하고 집단에서 자리를 하나 없앤다.).

〈목적 및 기대효과〉

- 집단의 응집력과 친밀감을 향상시킨다.

2) 토의활동: 『미운 돌멩이』(50분)

(1) 동일시

- 이 책을 읽고 나서 가장 많이 떠오르는 장면은 무엇인가?
- 강가에 가서 돌멩이를 주워 본 적이 있는가?
- 사람들에게 선택된 예쁜 돌멩이의 용도는 무엇인가?
- 만약 여러분이 방 안에 놓인 돌이라면 어떤 심정일까?
- 그럼 미운 돌멩이는 주로 무엇을 하는 데 사용될 거라고 생각하는가?
- 우리 주변에 있는 사물들 중에서 생김새(모양)는 아름답지 않아도 생활에 유용하게 사용되는 것들은 어떤 것이 있을까?

- 못난 돌멩이들끼리만 함께 있으면 어떤 느낌이 들까?
- 여러분이 다른 친구들과 다르게 보이는 것이 있다면 어떤 것이고, 그때의 느낌은?
- 누구에게 이 사실을 속 시원히 이야기할 수 있을까?
- 자신이 미운 돌멩이처럼 느껴졌던 적은 없었는가?

〈집단원들의 반응 예시〉

- 예쁜 돌멩이의 용도는 방을 장식하거나 아름답게 꾸미는 데 쓰인다.
- 친구들과 잘 어울리지 못할 때 미운 돌멩이처럼 느껴진 적이 있었다.
- 이 책을 읽고 나서 학교에서 나의 모습을 보는 듯했다. 다른 친구들은 인기가 많고 말할 때 주변에서 잘 들어 주는데, 나는 발표를 해도 무시를 당한다. 학교 친구들이 나를 미운 돌멩이로 대하는 것 같아 학교생활이 힘들다. 학교생활이 외롭고 힘들다는 사실을 말할 친구도 없다.

(2) 카타르시스

- 사람들은 어떤 돌멩이를 좋아하는가?
- 사람들에게 선택되지 못한 돌멩이의 심정은 어떨까?

〈집단원들의 반응 예시〉

- 사람들은 모양이 예쁘고 색깔이 고운 돌멩이들만 좋아한다.
- 사람들에게 선택되지 못한 돌멩이는 무척 외로울 것 같다.
- 선택받지 못한 돌멩이가 외로울 수 있지만, 스스로를 외롭게 만든 것일 수도 있다.

(3) 통찰

- 돌멩이들이 가장 원하는 삶의 모습은 무엇인가?
- 미운 돌멩이는 어떤 사람을 상징하고 있다고 생각하는가?
- 하늬바람이 미운 돌멩이에게 "높은 곳에 올라가서 바라보라."고 말한 이유는 무엇인가?
- 미운 돌멩이가 사람들에게 선택되기를 바라는 자세는 삶의 자세로 바람직하다고 생각하는가?
- 사람들이 돌로 자기 방을 꾸미는 것에 대해서는 어떻게 생각하는가?

〈집단원들의 반응 예시〉

- 돌멩이들이 가장 원하는 삶은 방 안에서 한자리를 차지하는 것이다.
- 미운 돌멩이는 외로운 사람을 상징하는 것 같다.
- "높은 데 올라가서 바라보라."고 하늬바람이 말한 이유는 넓

게 보면 미운 돌멩이들도 이 세상에 존재할 만한 가치가 있고 중요한 역할을 하고 있으며 아름답게 보일 수 있기 때문에 이것을 알려 주려는 이유일 것이다.

(4) 문제해결

• 다른 사람의 말 한 마디가 여러분에게 도움이 된 적이 있었는가?
• 하늬바람이 미운 돌멩이에게 한 말은 무슨 뜻인가? 그 말은 적절한가?
• 만약 여러분이 미운 돌멩이고 사람들에게 선택되지 못했다면 여러분은 어떻게 했을까?

〈집단원들의 반응 예시〉

• 다른 사람이 조언을 하거나 걱정을 해 주는 게 도움이 되거나 위로될 때가 있었다.
• 선택받지 못한 미운 돌멩이처럼 친구들과의 사이에서 자신감이 없어서 잘 지내기를 미리 포기해 버릴 때가 많았다.
• 이 책에서처럼 선택받지 못했다고 울기보다는 다시 선택되도록 노력할 것이다.

3) 심화활동: 나는 누구인가?(40분)

• 잠시 명상에 잠겨 지나온 세월을 돌이켜 보는 시간을 갖는

다(배경음악을 준비해도 좋다.).

- 활동지('인생의 중요한 사건들' '표정 찾기 – 활동지의 예시와 다양한 표정이 담긴 사람들의 사진, 잡지를 활용')에 답을 해 보면서 그때의 심정에 머물러 보게 한다.
- 현재를 지나 앞으로의 모습에 대한 기대를 콜라주로 표현해 봄으로써 집단원 스스로 상담의 목표를 설정할 수 있도록 동기를 부여한다(콜라주: 그림에 사물을 갖다 붙이는 것. 예를 들어, 사람을 그릴 때 머리는 털실, 얼굴은 쌀 등으로 표현하는 기법으로, 집단원이 작품을 제작하고 설명해 나가는 과정 그 자체에 치료적 효과가 있으므로 집단원이 자기표현을 자연스럽게 하도록 유도하는 것이 중요하다.).
- 내가 만든 작품을 집단원들에게 발표한다.

〈목적 및 기대효과〉

- 인생의 중요한 사건들을 기억하며 재경험한다.
- 서로의 다양한 경험들이 결국 현재 각자의 개성이 되었음을 이해하고 서로 소중하게 생각하게 된다.
- 어떠한 일, 고통, 좌절 모두가 나에게 성숙하는 계기가 될 수도 있음을 인정하여 긍정적으로 수용하게 된다.
- 인간문제에 대한 공통성과 보편성을 인식한다.
- 자신에 대한 여러 가지 사실을 정확히 아는 데서 원하는 삶과 삶의 목표 설정이 가능해진다. 따라서 집단원들이 지금까지 어려웠던 때를 견디게 한 요인에 대해 생각해 봄과

동시에 현재를 지나 앞으로의 생활에 대한 기대를 발표하면서 삶의 목표와 함께 집단에서 이룰 수 있는 구체적인 목표를 생각해 볼 수 있다.

- 자신에 대한 사실적인 정보와 아울러 감정적 세계를 구체화시켜 표현할 수 있다.

〈유의사항〉

- 차분한 분위기에서 조용하고 진지하게 참여하도록 한다.
- 다른 사람이 발표할 때 집단원들은 적극적으로 경청하도록 한다.
- 발표하다가 집단원이 고통스러웠던 때를 상기하면서 울음을 터뜨리더라도 성급하게 자제시키지 않는다(그 감정에 머무르기).
- 집단원들이 겪은 고통과 고민의 경중을 비교하지 않도록 한다.

4) 소감 나누기 및 과제 제시: 집단 경험 보고서 쓰기 『문제아』, pp. 91～105-'김미선 선생님' 읽어 오기(20분)

〈준비물〉

활동지, 4절 도화지, 크레파스, 잡지, 콜라주에 사용할 여러 가지 작은 소품, 색깔 펜, 다양한 표정이 담긴 사람들의 사진, 잡지, 명찰(집단원들이 별칭을 다 기억할 수 있을 때까지 준비), 음악, 카세트

〈활동지 예시〉

나는 누구인가?

( )회 별칭: ________

• 인생의 중요한 사건	
살면서 가장 기뻤던 사건	너무 화가 났던(분노) 사건
슬프거나 속상했던 사건	사랑과 행복을 느낀 사건

• 표정 찾기 (예시 자료)

〈3회기〉 이런 기분이 들어요.

1) 몸풀기: 로봇 놀이(10분)

- 집단을 두 팀으로 나누고 각 팀에 한 명씩 로봇을 결정한다.
- 로봇은 눈을 손수건 등으로 감게 하고 두 팔을 벌리고 서 있게 한다.
- 나머지 집단원들이 각각 로봇에게 다가가 아무 소리도 내지 않고 로봇을 안는다.
- 집단원들이 로봇을 안을 때 느낌이 푸근하고 좋으면 로봇은 팔로 '○' 표시를 하고, 느낌이 불안하거나 안 좋으면 '×' 표시를 하도록 한다.
- '×' 표시를 받은 집단원은 로봇이 '○' 표시를 할 때까지 반복해서 안는다.
- 로봇은 두 사람 정도 돌아가면서 할 수도 있다.

〈목적 및 기대효과〉

- 신체언어를 통해 집단원들의 심리적 경직성을 완화하고 집단의 응집력을 높인다.
- 신체언어로 표현할 때, 자신의 행동과 모습이 심리적인 것과 연결되어 있는 부분이 있다는 것을 설명하면 자신에 대한 여러 가지 통찰을 가능하게 하는 활동이 될 수 있다.

〈유의사항〉

• 이성 관계에서는 주의하여 사용한다.

2) 토의활동: '김미선 선생님'(『문제아』, pp. 91~105) 전, 중반부(50분)

(1) 동일시

• 정미는 김미선 선생님의 어떤 점이 좋은가?
• 선생님이 읽어 주시는 글에는 어떤 이야기가 많았는가?
• 선생님은 누가 쓴 글을 읽어 주었는가?
• 정미는 선생님이 읽어 준 글 내용이 어떤 점에서 자신의 이야기라고 생각했는가?
• 정미는 현재 누구랑 같이 사는가? 그 이유는?
• 선생님은 정미처럼 초등학교 5학년 때 어떤 일을 당했는가?
• 정미와 선생님은 어떤 점에서 특별한 사이가 되었는가?

〈집단원들의 반응 예시〉

• 김미선 선생님을 좋아하는 이유는 2, 3학년 때 선생님과는 다르고, 말도 통하여 정미의 심정을 잘 알아주기 때문이다.
• 김미선 선생님이 좋은 이유는 내가 세상에서 오직 한 명뿐이라는 것을 가르쳐 주었기 때문이다.
• 정미는 엄마와 아빠가 이혼을 했기 때문에 아빠, 할머니와 산다.
• 선생님이 읽어 주시는 글에는 또래 아이들이 쓴 글이 많았다.

(2) 카타르시스

• 정미는 어떻게 마음에 쌓였던 화나 창피한 것을 씻어 버릴 수가 있었는가?

〈집단원들의 반응 예시〉

• 정미는 글을 쓰면서 원통하고 분하고 창피했던 일을 씻어 버릴 수 있었다.
• 선생님의 부모님 얘기를 듣고 많은 위로를 받았을 것 같다.

(3) 통찰

• 선생님은 아빠가 없어 창피하고 슬픈 것을 어떻게 극복했는가?

〈집단원들의 반응 예시〉

• 선생님은 하늘나라에서도 선생님의 아빠가 열심히 농사를 짓고 계실 거라는 생각으로 창피하고 슬픈 것을 극복할 수 있었다.
• 정미나 선생님처럼은 아니어도 나는 주변에서 나를 이해해 주는 사람들이 있어서 속상한 마음을 많이 극복할 수 있었다.

(4) 문제해결

- 아빠 없이 자란 선생님에 비해 정미는 부모가 비록 이혼을 하였지만, 살아 계신다는 것이 얼마나 다행스런 일인가에 대해 이야기를 나눈다.
- 부모의 이혼은 슬픈 일이긴 하지만 나의 잘못도 아니고 창피한 일도 아니다. 어떻게 생각하는가?

〈집단원들의 반응 예시〉

- 가끔 아빠가 생각날 때가 있다. 아빠가 엄마와 가족들을 힘들게 해서 미울 때도 있었지만 보고 싶을 때 볼 수 있어 위안이 좀 된다.
- 엄마가 보고 싶을 때가 많은데 나를 찾아오시지는 않는다. 하지만 언젠가 만날 수 있을 거라 생각하면 참을 수 있다.
- 부모님이 서로 싸우거나 미워하며 사는 것보다 따로 사는 것이 두 분한테 더 좋은 것도 같다. 나 때문에 이혼하셨을 거란 생각은 안 하지만 친구들이 어떻게 생각할지 몰라 먼저 얘기하고 싶지는 않다.

3) 심화활동: 신문지 찢기(40분)

- 신문지 찢기 활동을 통해 일상생활에서 자신을 슬프게 했던 상황과 감정을 자연스럽게 표현하도록 한다(신문지 대신 찰흙 던지기 등으로 재료를 바꿔도 된다.).

〈목적 및 기대효과〉

• 집단원은 감정적 세계를 표현함으로써 카타르시스를 느낄 수 있음과 동시에 건전하면서도 다양한 문제해결 방법을 생각해 보며 자기조절능력을 향상시킬 수 있다.

4) 소감 나누기 및 과제 제시: 집단 경험 보고서 쓰기, 『너도 하늘말나리야』 읽어 오기(20분)

〈준비물〉

손수건, 신문지

〈4회기〉 이혼이란 뭘까?

1) 몸풀기: 상황설정(10분)

• 상담자가 특정 상황(예: 쉬는 시간, 침몰 직전의 배, 정전이 되었을 때 등)을 제시하면 집단원들은 그 상황에 맞는 인물이 되어 몸으로 표현한다.
• 상담자는 사진을 찍어도 좋다.

〈목적 및 기대효과〉

• 특정 상황 속에서 자기를 표현함으로써 경직된 자신의 모습을 많이 벗어 버릴 수 있다.

2) 토의활동: 『너도 하늘말나리야』(50분)

(1) 동일시

- 이 책을 다 읽고 났을 때 떠오르는 생각은 무엇이었나?
- 미르는 부모님의 이혼에 대해 왜 일방적으로 엄마를 미워하였을까?
- 바우의 선택적 함구증의 원인은 어디서 찾아볼 수 있을까?
- 사랑하는 아빠(엄마)를 잃은 고통을 알게 된 결정적인 사건들은 무엇이었나?

〈집단원들의 반응 예시〉

- 이 책을 다 읽고 났을 때 떠오르는 생각은 친구가 무엇인지 다시 한 번 안 것 같고, 부모님이 이혼하지 말고 행복하게 살았으면 좋았을 걸 하는 생각이 들었다.
- 미르는 엄마의 이혼으로 친구들이 자신을 놀릴 것 같아서 엄마를 미워하였다.
- 바우가 "우리 아빠 다음 주 일요일에 결혼하신다."고 한 것과, 전화로 미르 아빠가 어떤 여자랑 재혼한다고 한 것을 듣고 엄마를 잃은 아이의 고통을 알게 되었다.

(2) 카타르시스

- 이혼한 부모님 사이에서 내가 가장 견디기 힘든 것은 무엇이며 이웃에게 바라는 것은 무엇인가?

〈집단원들의 반응 예시〉

- 다른 친구들에게 '우리 엄마, 아빠가 이혼한 것을 들킬까 안 들킬까…' 마음 졸이는 것이 가장 견디기 힘들었다.
- 우리 엄마, 아빠가 이혼한 사실을 친구들이 알면 나를 대하는 태도가 달라질 것이다.
- 우리 엄마, 아빠가 다시 결혼해서 행복하게 살았으면 좋겠다.

(3) 통찰

- 만약 친구 소희의 배려가 없다면 바우와 미르의 닫힌 마음을 어떻게 열어야 할까?
- 만약 미르의 소망대로 아빠가 재혼하지 않고 혼자 살면서 자주 미르를 찾아왔다면 미르와 미르 엄마는 어떻게 행동했을까?
- 내가 아빠(엄마)라고 가정해 보자.

  아빠(엄마)는 서로 매일 같이 지내야 하는 고통이 심해서 헤어지고 싶어 하지만 사랑하는 아이들이 부모가 헤어지는 것을 원하지 않는다면, 아빠(엄마)는 헤어지는 것과 고통을 참으며 사는 것 중 어떤 것을 선택해야 할까?

〈집단원들의 반응 예시〉

- 만약 친구 소희의 배려가 없다면 엄마가 바우에게 부탁하거나 반 친구들이 화해하게 해서 바우와 미르의 닫힌 마음을 열어야 할 것 같다.
- 만약 미르의 소망대로 아빠가 재혼하지 않고 혼자 살면서 자주 미르를 찾아왔다면, 엄마는 미르를 같이 돌보면서 아빠랑 사이도 점차 좋아지게 되었을 것이고, 그러다가 다시 재혼할 수도 있을 것이다. 재혼을 안 한다 해도 미르의 마음은 기뻤을 것이다.
- 아빠(엄마)는 서로 매일 같이 지내야 하는 고통이 심해서 헤어지고 싶어 하지만 사랑하는 아이들은 부모님이 헤어지는 것을 원하지 않는다면, 아빠(엄마)는 헤어지는 것과 고통을 참으며 사는 것 중에서 고통을 참으며 사는 것을 택해야 될 것 같다. 이유는 엄마 아빠 사이의 다툼 때문에 귀한 딸을 잃어버리면 너무 안타까우니까, 딸이 힘들 수 있으니까, 또 딸이 헤어져 사는 엄마나 아빠가 보고 싶을 수 있으니까.
- 부모님이 이혼하시게 된 것은 어쩔 수 없는 일이었다. 가족들 모두를 힘들게 하는 아빠와 함께 사느니, 차라리 아빠 없이 엄마, 동생과 사는 것이 더 행복하니까.

(4) 문제해결

- 만약 달밭 동네 사람들이 새로 부임한 진료소장이 이혼녀라는 소문을 퍼뜨려 미르네 가족을 괴롭혔다면 미르는 어

떻게 대처하였을까?

• 내가 만약 소희라면 그렇게 자신의 고통을 감내하면서 자신보다 덜 고통스런 상황의 친구들을 위해 의연하고 꿋꿋한 행동을 보여 줄 수 있었을까?

〈집단원들의 반응 예시〉

• 만약 달밭 동네 사람들이 새로 부임한 진료소장이 이혼녀라는 소문을 퍼뜨려 미르네 가족을 괴롭혔다면, 어른들이나 미르네 엄마가 직접 가서 그 사람들을 혼줄 내 주고, 미르는 사이가 나빠진 친구들과 더욱더 친하게 지낼 것이다.
• 내가 만약 소희라도 그렇게 자신의 고통을 감내하면서 자신보다 덜 고통스러운 상황의 친구들을 위해 의연하고 꿋꿋하게 어른스러운 행동을 보여 줄 수 있었을 것이다. 왜냐하면, 미르는 누구보다도 친한 친구이기도 하고 자신의 버팀목이 될 수 있는 친구인데 자신이 고통스럽다고 친구를 도와주지 않는다는 것은 예의가 아닌 것 같다. 그리고 어려운 상황에 있는 친구들의 입장을 누구보다 잘 이해할 수 있으니까.

3) 심화활동: 가족화 그리기 또는 점토로 만들기(40분)

• 잠시 눈을 감고 2분 정도 명상을 한 뒤 백지에 크레파스(점토)를 이용해 자신을 중심으로 가족 구성원 각각의 인물들에 대한 느낌을 모양, 크기, 색깔, 거리 등으로 그린다(만든다).

• 다 그린(만든) 다음 집단 전체 앞에서 한 사람씩 자기 작품을 보여 주면서 설명한다.

〈목적 및 기대효과〉

• 가족 간의 심리적 거리와 자기와의 관계를 점검해 보는 기회가 된다.
• 자신을 둘러싼 중요한 가족관계를 이해함으로써 현재 모습의 형성과정과 원인, 영향을 미친 인물 등 심화된 자기이해를 경험함과 동시에 자신이 겪고 있는 현재 어려움의 형성과정이나 원인에 대한 통찰을 제공해 주는 기회가 될 수 있다.
• 가족관계 및 이에 대한 유사성과 차이점 등으로 집단의 역동성과 보편성이 형성될 수 있다.

〈유의사항〉

• 상담자는 집단 구성원 모두가 발표할 수 있도록 시간을 잘 배분하고 조절할 필요가 있다.
• 자신의 가족관계나 가족사항에 대해 노출하고 싶어 하지 않거나 두려워하는 집단원이 있을 경우, 더 이야기하도록 압력을 가하지 않고 그 마음을 존중하도록 지침을 주며 실제 상황에서도 그러한 자세를 취한다.
• 그림을 못 그리는 것(만들기를 잘 못하는 것)에 대해 부담을 느끼는 집단원이 있을 수 있으므로 그림을 얼마나 잘 그렸

는지(얼마나 잘 만들었는지)를 보려는 것이 아니라 그림(점토)으로 표현된 것이 무엇인지에 초점을 두는 것임을 덧붙여 설명한다.

4) 소감 나누기 및 과제 제시: 집단 경험 보고서 쓰기, 『문제아』, pp. 105~116-'김미선 선생님' 끝까지 읽어 오기(20분)

〈준비물〉

사진기, 4절 도화지, 크레파스, 지점토, 색깔 펜

〈5회기〉 스트레스에 대처하기

1) 몸풀기: 가장 화나는 일을 담은 풍선 터뜨리기(10분)

- 가장 화나는 일을 담은 풍선(풍선을 불며 자신을 화나게 한 사람이나 상황 생각하기)을 터뜨린다. 풍선 안에 화가 났던 상황과 특정 이름을 써 넣어도 좋다.

〈목적 및 기대효과〉

- 집단원들의 흥미와 자발성을 높이고 신체언어가 가지고 있는 힘들을 이용하여 스트레스와 분노감정을 해소한다.

〈유의사항〉

• 자유롭게 돌아다니고 움직일 수 있도록 집단을 활성화시킨다.

2) 토의활동: '김미선 선생님'(『문제아』, pp. 105～116) 종반부(40분)

(1) 동일시

• 선생님과 관련된 어떤 소문이 떠돌았는가?
• 이 문제는 어떻게 발전되었는가?
• 정미, 창호, 은주는 왜 자기들이 소문을 내었다고 거짓말을 하였는가?

〈집단원들의 반응 예시〉

• 선생님이 정란이네 엄마에게 돈을 받았다는 소문이 돌았고, 선생님이 학교에 안 나오시는 상황까지 갔다.
• 정미와 친구들은 선생님을 사랑하기 때문에 자기들이 소문을 내었다고 거짓말을 하였다. 소문을 낸 사람이 나타나지 않을 경우, 일이 커질 수 있고 선생님이 더 이상 속상하지 않기를 바라는 마음으로 그랬을 것이다.

(2) 카타르시스

- 선생님은 왜 항복하였는가?
- 선생님이 돈을 받았든 안 받았든 정미에게는 그것이 왜 문제가 되지 않았는가?

〈집단원들의 반응 예시〉

- 선생님은 모든 아이들을 사랑하시기 때문에 돈을 받았든 안 받았든 정미는 문제 삼지 않았다. 선생님이 아이들을 믿은 것처럼 아이들도 선생님을 믿기 때문이다.
- 선생님은 아이들이 자신을 위해 가짜로 손을 들어 준 것을 알았기 때문에 항복하였다.

(3) 통찰

- 선생님과 정미네 반 아이들에게 일어날 수 있는 최악의 경우(시나리오)는 무엇일까?
- 선생님은 힘든 상황에서 어떤 행동들을 하였는가?
- 선생님이 끝까지 웃을 수 있었던 이유는 무엇인가?

〈집단원들의 반응 예시〉

- 최악의 경우는 선생님이 선생님을 그만두시는 것이다.
- 교감선생님께서 헛소문을 퍼뜨린 사람은 손을 들라고 하셨

을 때, 아무도 듣지 않았다면 그게 최악의 상황이었을 것이다.
- 선생님이 끝까지 웃을 수 있었던 이유는 아이들이 선생님을 믿고 손을 들어 주었기 때문일 것이다.

(4) 문제해결

- 내가 김미선 선생님이라면 힘든 상황에서 어떻게 행동하였을까?
- 부모님의 이혼에 따른 '상실감' '우울함'을 담임선생님이나 주변 친구들과 특별한 관계를 맺음으로써 해결한 정미의 방법에 대해 어떻게 생각하는가?
- 평소 친구들과 부딪히는 일이 생길 때, 상대방을 불쾌하게 하지 않으면서 자신의 생각을 솔직히 나타낼 수 있는가?

〈집단원들의 반응 예시〉

- 내가 김미선 선생님이라면 스스로를 위로하였을 것 같다.
- 혼자 그 사실을 마음에 두고 힘들어하기보다 주변 사람들과 함께 나눈다면 우울한 마음이 조금이라도 줄어들 것이다.
- 평소 친구들과 부딪히는 일이 생길 때, 가끔씩 싸우게 된다. 대부분 말로 해결하려고 노력하지만 상대방이 내 생각을 이해하지 못한다고 생각할 때가 많다.

3) 심화활동: 미니 인형극(50분)

- 일상생활 장면에서 자주 발생할 수 있는 상황을 제시하고 그때 어떻게 해야 할 것인가에 대해 집단원들과 토의한다.
- 상담자는 손가락 인형을 등장시키고, 이 인형이 지금 친구 관계에 어려움을 겪고 있다고 말하며 그 구체적인 상황(집단원들이 경험할 법한 상황을 예시로 설정)을 이야기로 집단원에게 들려준다. 그리고 인형이 친구들에게 어떻게 대처해야 가장 좋을지를 같이 한 번 찾아보자고 한다. 상담자는 제비뽑기를 통해 집단원을 세 팀으로 나누고 각각의 팀에게 대처행동을 스스로 생각해 보도록 한다.
- 연습할 시간을 준 후 팀별로 인형극을 실시한다.
- 역할을 바꾸어서 해 볼 수도 있다.

〈목적 및 기대효과〉

- 집단 안에서 직접 핵심적인 부적응 상황을 경험해 봄으로써 자신과 다른 집단원들에 대해 새롭게 이해하는 기회를 가질 수 있다.
- 일상생활 장면에서 겪을 수 있는 문제 상황을 떠올리며, 집단 안에서 모색된 다른 대안 반응을 인형을 활용해 직접 연습해 볼 수 있고 나아가 실제 상황에서 시도해 볼 수 있는 훈습의 기회가 될 수 있다.
- 모든 집단원들이 역할극에 참여해야 되기 때문에 집단역동이 증가하고, 주변을 맴돌던 집단원이 있을 경우, 집단으로

끌어들일 수 있는 기회가 된다.

4) 소감 나누기 및 과제 제시: 집단 경험 보고서 쓰기, 『왜 나를 미워해』 읽어 오기(20분)

〈준비물〉

풍선, 손가락 인형, 풍선 속에 적어 넣을 종이

〈6회기〉 우린 멋진 친구

1) 몸풀기: 인간 실 풀기(10분)

- 두 명씩 짝을 지어 각자 자신의 팔을 엇갈려 교차시킨 상태로 상대방과 손을 잡는다. 서로 손을 잡은 상태에서 꼬인 팔을 풀도록 한다. 두 명이 풀었으면 이번에는 네 명, 여덟 명, 전체로 계속해서 위와 같은 방법으로 풀어 간다.

〈목적 및 기대효과〉

- 신체접촉을 통해 집단 응집력을 높일 수 있다.
- 꼬인 손을 풀듯이 인간관계에서 느끼는 어려움에도 해결책이 있으며 함께 힘을 합쳐 문제를 풀 수 있음을 은연중에 느낄 수 있다.

2) 토의활동: 『왜 나를 미워해』(50분)

(1) 동일시

- 책을 덮고 났을 때 어떤 기분이 들었는가?
- 요징에 대해 어떻게 생각하는가?
- 1학년 아이들은 왜 요징을 피했을까? 그때 요징의 기분은 어땠을까?
- 왜 다른 아이들이 요징을 "중국 놈, 나쁜 놈"이라고 놀렸을까?
- 일본어 학급을 소개하는 날 왜 요징이 가운데서 춤을 추었을까?

〈집단원들의 반응 예시〉

- 요징은 참 속이 깊은 아이 같다. 친구들이 자신을 그렇게 놀리고 못살게 구는데도 어떻게 얘들을 이해할 수 있을까?
- 아이들이 요징을 피했을 때, 요징은 진짜 죽고 싶었을 것 같다.

(2) 카타르시스

- 내가 만약 요징이라면 아이들이 어떻게 대해 주기를 바랐을까?
- 요징처럼 내가 친구들에게 놀림을 당한다면 기분이 어땠을까?
- 내가 남과 다른 점이 있을 때 부끄럽거나 속상했던 적이

있는가?

〈집단원들의 반응 예시〉

- 내가 요징이라면 새로 전학을 왔으니까 아이들이 반갑게 맞이해 주고, 친하게 지내기를 바랐을 것이다.
- 내가 요징처럼 친구들에게 놀림을 당한다면 나 자신을 비관하거나 자신을 힘들게 하는 아이들을 혼내 주고 싶었을 거다.
- 친구들이 놀릴 때, 맞서 싸우지 않고 그냥 무시해 버린다. 그게 내가 그 친구에게 주는 벌이다.
- 나는 친구들과 별로 다른 점이 없다고 생각하는데, 친구들이 날 멀리할 때 부모님이 이혼한 영향 때문이라는 생각이 들어 속상한 적이 많았다.

(3) 통찰

- 요징 아빠가 일본에 오지 않았다면 어떻게 되었을까?
- 일본어 학급 소개하는 날 요징이 춤을 추지 않았다면 어떻게 되었을까?
- 내가 요징이라면, '괴롭히는 사람은 외롭기 때문에 남을 괴롭히는 것이고, 그 사람도 마음으로는 괴롭히지 않아야지 하는 생각을 하고 있을지도 모른다.'고 생각하며 서러워하지 않거나 화내지 않을 수 있었을까?

〈집단원들의 반응 예시〉

- '나는 친구들이 없다.'고 생각할 때가 많은데, 나도 요징처럼 '마음으로 말한다면 모두 내 동무가 될 수 있고, 비록 고통스러운 일이 있어도 지지 않고 힘을 내면 반드시 동무가 나타날 것이다. 나는 동무가 될 때까지 기다리겠다.'는 생각을 했다.
- 학교에서 나를 무시하고 때리는 친구들을 생각하며 '괴롭히는 사람은 외롭기 때문에 남을 괴롭히는 것이고, 그 사람도 마음으로는 괴롭히지 않아야지 하는 생각을 하고 있을지도 모른다.'는 요징의 생각이 인상에 남았다.

(4) 문제해결

- 요징에게 하고 싶은 말, 물어보고 싶은 질문이 있다면?
- 내가 요징과 같은 상황(친구들을 처음 만나는 상황, 친구들이 놀리는 상황)에 처해 있다면 어떻게 대처할 수 있을까?

〈집단원들의 반응 예시〉

- 요징과 같은 상황에 처한 친구가 있을 때, 도와주고 싶은 마음이 많이 들었었다. 그런데 다가가려 해도 막상 그 친구가 마음을 열지 않거나, 그렇게 놀림을 받는 데는 그 친구의 잘못도 있으니까 생각처럼 잘 안 된다.

3) 심화활동: 친구 사귀기 특성 경매(40분)

- 두 사람씩 짝을 지어 좋았던 친구관계 또는 친구관계에서 힘들었던 문제를 해결했었던 성공 경험을 활동지('친구와 나')를 가지고 서로 의논하면서 한 가지씩 기록한다.
- 이러한 성공을 이끌어 내게 했던 자신의 장점을 기록한다.
- 기록한 용지를 벽에 붙이고 발표하면 다른 집단원들은 이를 듣고서 질문이나 피드백을 하도록 한다. 상담자는 성공 경험을 좀 더 구체화시키고 장점을 더욱 부각시킨다.
- 돌아가면서 발표가 끝나면, 이번에는 집단원 각자에게 다섯 장의 카드 용지를 배부하고 가까운 친구 중에서 인기가 많고 친구가 많은 아이들의 특성을 구체적으로 한 장당 한 가지씩 적도록 한다.
- 상담자는 인기 있는 친구들의 특징을 예시로 몇 개 제시해 줄 수도 있다.
- 상담자가 카드를 모아 분류하는 동안 집단원들은 잠시 휴식을 취한다.
- 전지를 벽에 붙이고 카드 용지에서 나온 특성들을 기록한다. 이때 특성별로 얼마나 많이 나왔는지는 밝히지 않는다.
- '친구 사귀기 특성 경매지'('멋진 친구가 될 수 있어요')를 나눠주고 전지에 기록된 특성들을 적게 한 다음, 그중 자신이 가장 가지고 싶은 특성 5가지를 골라 표시를 하게 한다.
- 그런 다음 집단원 한 사람당 얼마만큼(예: 20만 원)의 돈(모

형 돈)을 나눠 주고, 특성의 중요성에 따라 입찰액을 기록하게 한다. 이때 사고 싶지 않은 항목에는 예산을 배정하지 않아도 된다.

- 경매는 천 원 단위로 하며 만약 경매 중 입찰자가 없을 경우에는 두세 번 더 확인 후 낙찰시킨다.
- 낙찰자에게는 경매에서 산 특성이 적힌 카드를 선물로 준다.
- 모든 경매를 마친 후 가장 많은 액수로 응찰한 순서대로 번호를 매긴 후 사전에 기록한 문항과 비교해 보고 결과와 소감을 발표한다.

〈목적 및 기대효과〉

- 친구가 많은 동료의 특성을 스스로 찾아내서 문제해결의 자원으로 활용함과 동시에 교우관계(인간관계)에 대한 통찰력을 얻을 수 있다.

4) 소감 나누기 및 과제 제시: 집단 경험 보고서 쓰기, 『마당을 나온 암탉』 읽어 오기(20분)

〈준비물〉

활동지, 카드 용지, 전지, 매직, 모형 돈, 친구 사귀기 특성 경매지

〈활동지 예시〉

친구와 나

• 친구와 친밀한 관계를 맺었던 경험을 1가지씩 적어 봅시다.

언제	
어디서	
누구와	
어떻게 친하게 되었는가?	
그때 나의 느낌은?	
그때 나의 행동은?	
그때 나의 생각은?	
좋은 관계를 가졌던 이유는?	
나의 장점은?	
현재 친하게 지내고 싶은 친구와의 관계에 어떻게 활용할까요?	

〈친구 사귀기 특성 경매지 예시〉

멋진 친구가 될 수 있어요

인기 높은 친구들의 특징	내가 가지고 싶은 특징에 표시(○)	나의 예상 입찰액 (원)	실제 입찰액 (원)	낙찰자 (이름)

〈7회기〉 내가 가장 소중한 보물

1) 몸풀기: 등 받쳐 주기(10분)

- 모두 둥글게 모인 중간에 한 사람이 들어가 눈을 감고 팔짱을 낀 채 뒤로 넘어지면 뒷사람은 최선을 다해 그 사람을 받아 준다.
- 안전을 생각해서 모두 함께 최선을 다해 받아 준다.

〈목적 및 기대효과〉

- 집단원들이 상호 신뢰감을 갖도록 한다.

2) 토의활동: 『마당을 나온 암탉』(50분)

(1) 동일시

- 책을 덮고 났을 때 어떤 기분이 들었나?
- 잎싹에게 해 주고 싶은 말은 무엇인가?
- 잎싹은 왜 그렇게 알을 품고 싶어 했을까?
- 잎싹은 왜 그렇게 힘들게 양계장을 나와 아기오리를 키우는 데 온 힘을 기울였을까?

〈집단원들의 반응 예시〉

- 잎싹한테 참 배울 점이 많은 것 같다. 닭장 안에서 그냥 알만

낳는 게 암탉의 일인데, 여기저기 떠돌아다니며 자기 알을 지키기 위해 목숨까지 아까워하지 않는 점이 대단하다. 잎싹이 만들어 낸 지극한 모성애가 감동적이었다.

- 잎싹한테 해 주고 싶은 말은, "모성애가 참 감동적이었어. 하지만 그렇게 무리를 해서 너의 몸을 돌보지 않은 것은 잘못이야. 다음에 다시 태어나면 네 몸도 보살폈으면 좋겠다. 다음엔 꼭 인간으로 태어나서 다시 한 번 너의 아기를 그렇게 키워 보렴."이다.
- 잎싹은 알을 낳는 대로 주인에게 빼앗겨 한 번도 알을 품은 적이 없었다. 알을 품는 것이 잎싹의 간절한 소망이었기 때문에 잎싹은 힘들게 양계장을 나와 아기오리를 키우는 데 온 힘을 기울였다.

(2) 카타르시스

- 잎싹은 초록머리를 떠나보내고 지독히 외롭고 슬펐는데도 행복했다고 왜 말할 수 있었을까?
- 초록머리의 탄생을 앞두고 족제비에게 잡아먹힌 나그네와 초록머리를 멀리 보내고 잡아먹힌 잎싹은 어떤 점이 같은가? 또 어떤 점이 다른가?

〈집단원들의 반응 예시〉

- 잎싹은 초록머리를 떠나보내고 지독히 외롭고 슬펐는데도 자신이 초록머리를 저만큼 키워서 건강하게 떠나보낼 수 있

구나 하고 생각했기 때문에, 또 자기 아기가 무리에 끼어서 즐겁게 생활하고 있는 모습을 보았기 때문에 행복했을 것이다.
- 잎싹과 나그네의 공통점은, 초록머리를 위해서 희생했다는 점과 아기를 위해 모든 것을 바쳤다는 점이다.
- 죽은 시기가 다르다는 것만 빼고, 별로 다른 점이 없는 것 같다.

(3) 통찰

- 만약 잎싹이 자기가 품은 알이 오리 알이라는 것을 알고 초록머리를 돌보지 않았다면 잎싹은 어떻게 살아갔을까?
- 만약 나그네가 잎싹이 품고 있는 알이 자기와 뽀얀 오리가 낳은 알이라고 알려 주었다면 잎싹은 어떻게 했을까?
- 만약 내가 잎싹이라면 단지 알을 품고 싶다는 생각으로 그런 힘든 일을 할 수 있었을까?

〈집단원들의 반응 예시〉

- 만약 잎싹이 자기가 품은 알이 오리 알이라는 것을 알고 초록머리를 돌보지 않았다면 잎싹은 마당으로 돌아가지 못하고 들판 여기저기를 떠돌아다니며 지난 일을 생각하다가 죽거나 혼자서 외롭고 쓸쓸하게 살았을 것이다.
- 만약 나그네가 잎싹이 품고 있는 알이 자기와 뽀얀 오리가

낳은 알이라고 알려 주었다면 잎싹은 나그네에게 알을 돌려 주었을 것이다.
- 만약 내가 잎싹이라면, 족제비한테 죽는 것이 무섭기 때문에 그냥 나그네의 알을 오리 대장한테 주었을 것 같다.
- 초록머리는 커서 오리 무리를 만났을 때, 자신과 엄마가 다르다는 사실을 깨닫고 진짜 엄마가 누구일까 궁금했을 것 같다.

(4) 문제해결

- 나도 내가 원하는 것을 이루기 위해, 아니면 내가 보람 있다고 생각하는 일을 위해 힘들고 어렵지만 이루려고 노력해 본 적이 있는가?
- 어떤 일을 하다가 실패하거나 실수를 하면 자신에 대해 어떻게 생각하는가? 그런 생각이 도움이 되는가?
- 친구 중에 잎싹처럼 자신이 보람 있다고 생각하는 일을 어렵게 해 나가는 친구가 있다면 어떻게 하겠는가? 어떤 말을 해 줄까?
- 잎싹은 자신의 소망을 담아서 잎싹이라고 이름을 붙였는데, 그 이름에 대해 집오리들도 인정을 해 주었고, 족제비도 인정을 해 주었다. 내가 나의 이름을 다시 짓는다면 무엇이라고 짓고 싶은가? 그 이유는?
- 내가 가장 소중하다고 느끼는 순간이 있었는가? 언제 그랬는가?

〈집단원들의 반응 예시〉

- 친구 중에 잎싹처럼 자신이 보람 있다고 생각하는 일을 어렵게 해 나가는 친구가 있다면, 내가 옆에서 도와주거나 "넌 할 수 있어."와 같은 응원의 말을 해 줄 것이다. 친구를 칭찬해 주고 싶다.
- 내가 나의 이름을 다시 짓는다면, '박우효'라고 짓고 싶다. 이유는, 우정을 다하여 다른 사람들과 잘 어울리고, 부모님께 효도를 해 드리고 싶은 마음에서다.
- 잘 기억나지는 않지만 내가 태어났을 때일 것이다. 생일 때 내가 가장 소중하다고 생각했다.
- 내가 살아 숨쉬고 있고 건강하게 잘 지내고 있다는 사실 자체만으로 나 자신이 소중하다.

3) 심화활동: 장점 선물(50분)

- 상담자는 심화활동을 시작하기 전에 이번 회기에 대한 목표를 간단하게 설명하고 각 집단원에 대한 지금까지의 느낌에 더 집중하도록 분위기를 조성한다.
- 상담자는 각 집단원에게 카드를 (집단원의 수−1만큼) 나눠주고 각 집단원에 대한 느낌을 관찰하거나 기록하는 시간을 준다(배경음악을 준비해도 좋다).
- 집단원들은 받은 카드에 집단원 한 명 한 명을 생각하며 그 사람에게 어울리는 장점을 두 가지씩 적는다. 이것이

선물이 된다.

- 선물을 받고 싶어 하는 사람 순으로 진행하며, 그 사람에게 집단의 나머지 사람들은 자신의 카드를 선물하는데, 어떤 점에서 그런 느낌을 받았는지, 다른 구성원들의 느낌은 어떤지에 대해서도 이야기를 나누도록 한다.
- 한 사람에 대한 장점 선물 주기가 끝나면 선물을 받은 사람이 자신에 대한 피드백을 들으면서 떠오르는 생각이나 느낌을 소개하도록 한다. 이때 자신이 가장 마음에 드는 선물이나 부담스러운 수식어, 자신을 잘 표현할 것 같은 선물에 대해서도 생각과 느낌을 나누도록 한다.

〈목적 및 기대효과〉

- 집단원들로 하여금 자신이 스스로에 대해서 알지 못했던 자신의 장점을 발견할 수 있는 기회를 제공해 준다.
- 긍정적인 피드백을 통해서 집단 전체 분위기가 호의적으로 형성되며 본 활동에서 형성되는 긍정적이고 활발한 집단 분위기는 전체 집단과정이 효과적으로 마무리되도록 돕는다.
- 타인의 숨은 특성을 발견할 수 있는 안목을 길러 준다.

〈유의사항〉

- 상담자는 집단원들이 서로에 대해 막연히 좋은 느낌만을 전달하지 않도록 하고 보다 구체적인 행동이나 특성을 지적해 줄 수 있도록 한다.

4) 소감 나누기 및 과제 제시: 집단 경험 보고서 쓰기, 종결회기 안내(10분)

〈준비물〉

선물상자, 색지, 색깔 펜, 음악

〈8회기〉 자기 수용하기 및 평가

1) 프로그램에 대한 소감, 집단 경험 나누기(활동지 – '프로그램을 마치며')(30분)

- 프로그램에 참여하면서 느낀 점
- 좋았던 활동과 힘들었던 활동 이야기
- 상담자 선생님과 친구들과 나누고 싶은 이야기
- 집단의 종결에 대한 느낌 나누기

2) 활동: 나에게 쓰는 편지(30분)

- 집단원들에게 편지지와 봉투, 우표를 지급한다.
- 집단원들은 소감이나 자신에게 하고 싶은 말, 자신과의 약속을 편지지에 글로 적는다(조용한 배경음악을 준비하는 것도 좋다).
- 다 쓴 편지는 우표를 붙인 봉투에 담아 봉하고 집주소를 기록한 후 상담자가 모아 보관한다.

• 집단상담이 끝나고 일정한 시간(예: 3주 또는 한 달)이 지난 후에 상담자는 이 편지를 발송한다.

〈목적 및 기대효과〉

• 현재의 모습 중 버리거나 고치고 싶고 개선하고 싶은 부분이 무엇인지를 확인하고 자신이 추구하고 지향하는 모습이 무엇인지를 생각해 볼 수 있게 한다.
• 자기 자신에 대한 기대를 살펴보고 자기를 수용하는 경험을 토대로 앞으로의 삶에 도움이 되는 계획을 세우는 기회가 되며 자기 성찰력과 자아확립의 효과를 갖는다.
• 집단원들은 집단상담이 끝나고 일정한 시간(예: 3주 또는 한 달)이 지난 후에 이 편지를 받게 되므로 집단상담 후 그동안의 삶을 돌아보고 점검하는 기회를 갖게 됨과 동시에 연장 상담의 느낌을 가지고 자기 강화를 할 수 있는 기회를 갖는다.

3) 종결파티와 마무리(60분)

• 집단원의 출석, 프로그램 참여도, 과제 수행 등을 칭찬하기 위해 상담자가 작은 선물을 마련하는 것도 좋다.

〈준비물〉

편지지, 봉투, 우표, 색깔 펜, 간단한 다과, 조용한 음악, 카세트, 필기도구

〈활동지 예시〉

프로그램을 마치며

별칭: ______________

1. 이 프로그램을 통하여 변화된 나의 생각은?

____

____

2. 이 프로그램을 통하여 변화된 나의 행동은?

____

____

3. 이 프로그램을 마치는 내 느낌은?

____

____

4. 이 프로그램에 참가하면서 나는 무엇을 배웠는가?

____

____

2. 집단상담 프로그램에 활용 가능한 주제별 도서

제시된 문제 영역과 도서 목록은 책 내용에서 공통적으로 다루고 있는 주제를 중심으로 임의로 나눈 것이다. 책에 따라 여러 가지 주제를 복합적으로 포함하고 있는 경우도 있고, 여러 영역에 걸친 문제들을 함께 다루고 있는 경우도 있으므로 집단상담 프로그램의 목표와 주제에 맞게 상담자가 적절히 선택하여 활용해야 할 것이다.

학교생활 적응 및 문제해결력, 사회적 기술 향상

문제아	왜 나를 미워해	모르는 척	진휘 바이러스
박기범 지음	요시모토 유키오 지음 / 김리혜 옮김	우메다 쉰사코 외 지음	최나미 지음
창비 (창작과 비평사)	보리	길벗어린이	우리교육
1999년 4월	1995년 2월	1998년 12월	2005년 1월

내 친구가 마녀래요	학교가기 싫을 땐 이렇게 해봐	우리 선생님 최고	민들레의 노래
E. L. 코닉스버그 지음 / 장미란 옮김	롤랑 벨레 외 지음 / 이효숙 옮김	하이타니 겐지로 지음 / 햇살과 나무꾼 옮김	이원수 지음
문학과 지성사	을파소	논장	사계절
2000년 3월	2004년 11월	1999년 1월	2001년 11월

도들마루의 깨비	사라진 아이들	판단하는 내가 좋다	너도 하늘말나리야
이금이 지음	남찬숙 지음	어린이철학교육 연구소 지음	이금이 지음
푸른책들	문학동네어린이	해냄-네오북	푸른책들
2004년 8월	2004년 6월	2001년 9월	2006년 3월

자아존중감

미운 돌멩이	마당을 나온 암탉	라몬의 바다	길 위의 소년
어린이도서연구회 엮음, 지음	황선미 지음	스콧 오델 지음 / 김옥수 옮김	페터 헤르틀링 지음 / 문성원 옮김
오늘	사계절	우리교육	한길사
2006년 3월	2002년 4월	1999년 9월	2002년 2월

까보 까보슈	누리야 누리야	나는 누구일까요	여우씨 이야기
다니엘 페나크 지음 / 윤정임 옮김	양귀자 지음	브리지뜨 라베 외 지음 / 이정민 옮김	요제프 라다 지음 / 햇살과 나무꾼 옮김
문학과 지성사	문공사	소금창고	비룡소
1999년 12월	2002년 5월	2003년 5월	1999년 1월

가족애와 분노, 비난, 우울

키가 크고 수수한 새라 아줌마	까망머리 주디	할머니	미오 나의 미오
패트리샤 매클라클랜 지음 / 아기장수의 날개 옮김	손연자 지음	페터 헤르틀링 지음 / 박양규 옮김	아스트리드 린드그렌 지음 / 김서정 옮김
고슴도치	푸른책들	비룡소	우리교육
2003년 12월	2004년 4월	1999년 3월	2002년 7월

|참고문헌|

구형모(2001). 자아탄력 집단의 성격특질. 한국심리학회지(임상), 20(3), 569-582.

김경원(2003). '만화치료'가 이혼가정 아동의 사회적 상호작용 및 사회적 기능 향상에 미치는 영향. 대구대학교 대학원 석사학위논문.

김경집(2005). 이혼가정 아동을 위한 학교 집단상담 프로그램 개발 연구. 연세대학교 대학원 박사학위논문.

김보경(2001). 이혼가정의 학교-가정관계, 아동의 성취동기 및 학교생활 적응 연구. 숙명여자대학교 대학원 석사학위논문.

김용태(1986). 靑少年 非行 治療를 爲한 讀書療法에 關한 硏究. 원광대학교 교육대학원 석사학위논문.

김욱준(2000). 독서요법이 초등학생의 주의력 결핍과 과잉행동 감소에 미치는 효과. 동아대학교 교육대학원 석사학위논문.

김유희(2002). 부모의 이혼을 경험한 시설아동을 위한 독서치료의 효과: 우울, 수치심 및 죄책감을 중심으로. 숙명여자대학교 대학원 석사학위논문.

김은주(2003). 독서요법을 통한 초등학생 '왕따' 치료. 공주대학교 교육대학원 석사학위논문.

김춘경(2002). 이혼가정 아동의 정신건강 증진을 위한 독서치료에 관한 이론적 고찰. 초등교육연구, 15(2), 47-64.

김충기(2000). 생활지도·상담·진로지도. 서울: 교육과학사.

김현희(2001). 아동을 위한 독서치료; 이론적 고찰. 어린이문학교육연구, 2(1), 67-92.

류향자(1999). 외동이와 형제아의 성격특성과 학교 적응 비교 연구. 연세대학교 교육대학원 석사학위논문.
박용서(1992). 만남의 집단경험이 초등학교 아동의 자아개념과 자기존중감 발달에 미치는 영향. 한국교원대학교 대학원 석사학위논문.
박현선(1998). 빈곤청소년의 학교 적응유연성. 서울대학교 대학원 박사학위논문.
반금현(2001). 집단적 독서요법을 통한 고등학교 학생의 자아개념 향상에 관한 연구. 가톨릭대학교 대학원 석사학위논문.
변화순(1987). 가족과 이혼에 있어서 한국과 프랑스의 비교연구. 여성연구 5권, 4호. 한국여성개발원.
변화순(1996b). 부모의 이혼에 따른 아동의 권리. 정신 건강연구, 제15권. 한양대학교 정신건강연구소.
변화순(1996c). 이혼가족을 위한 대책연구. 한국여성개발원
변화순(1998). 경제위기와 변화하는 가족. 경제위기가 가족에 미치는 영향과 대책. 사단법인 한국여성민우회.
서지영(2002). 부모 이혼이 자녀의 적응에 미치는 영향에 관한 연구. 연세대학교 대학원 석사학위논문.
오은순(1997). 이혼가정 아동의 적응에 영향을 미치는 생태학적 변인들의 구조분석. 이화여자대학교 대학원 박사학위논문.
오은순(2001). 이혼가정 아동의 적응을 위한 학교중심 집단상담 프로그램 개발. 열린교육연구, 9(1), 19-45.
우홍련(2005). 이혼가정 아동의 학교생활 적응을 위한 독서치료 프로그램 개발 및 효과연구. 서울대학교 대학원 석사학위논문.
유정실(2004). 독서치료 프로그램이 부적응 아동의 자아존중감과 학교생활 적응에 미치는 효과. 영남대학교 대학원 석사학위논문.
윤달원(1990). 비행청소년의 자아개념 육성을 위한 독서요법의 효과. 성신여자대학교 대학원 박사학위논문.
이선영(2004). 글 있는 그림책을 이용한 독서치료 프로그램이 시설아동의 자아존중감에 미치는 효과. 성균관대학교 대학원 석사학위논문.
이재연(2001). 아동문제 해결을 위한 독서치료의 적용과 전망. 숙명여자대학

교 아동연구, 15(1), 147-157.

이진석(2005). 이혼가정 자녀에 대한 상담적 돌봄과 교회교육. 목원대학교 신학대학원 석사학위논문.

이태영(1968). 한국이혼연구. 이대출판부.

이태영(1987). 한국의 이혼율 연구 II. 서울: 한국가정법률상담소출판부.

이화숙(1988). 부부의 재산관계에 관한 비교법적 연구. 연세대학교 대학원 박사학위논문.

장현섭(1994). 가족의 미래. 가족과 한국사회. 여성한국사회연구회 편. 경문사.

정문자 · 김은영(1999). 이혼가족 아동의 적응을 돕기 위한 사회적 지원 체계의 탐색. 연세대생활과학논집, 13, 108-119.

정현숙(1993). 부모의 이혼에 따른 자녀의 적응. 아동학회지, 14(1), 59-75.

조홍식 · 김인숙 · 김혜란 · 김혜련 · 신은주 공저(2006). 가족복지학(3판). 서울: 학지사.

주남희(1994). 초등학교 여학생의 자아존중감 향상을 위한 성격계발훈련과 V.I.P. 프로그램의 효과. 전남대학교 대학원 석사학위논문.

주소희(2002). 이혼가정자녀의 부모 이혼 후 심리 사회적 적응을 위한 프로그램 개발 및 효과성 연구. 한국가족복지학, 9, 77-109.

최경희(2003). 독서활동을 이용한 구조화된 집단놀이치료 사례연구. 대구대학교 대학원 석사학위논문.

최선희(1997). 아동의 사회적 자아개념과 인간관계 증진을 위한 독서요법의 효과. 경북대학교 대학원 석사학위논문.

최재석(1982). 현대가족 연구. 일지사.

최정미(2002). 독서요법을 통한 시설아동의 심리와 행동변화에 관한 연구. 부산대학교 대학원 석사학위논문.

최진섭(1993). 이혼과 자녀. 삼지원.

통계청(2006). 혼인-이혼 통계발표.

표계학(1995). 이혼으로 인한 배우자와 자의 부양에 관한 비교법적 연구. 인하대학교 대학원 박사학위논문.

한국독서치료학회 편(2004). 독서치료(개정판). 서울: 학지사.

홍종관(2001). 집단상담실습과 슈퍼비전을 통한 집단상담자 훈련. 대구교육대학교 학생생활연구소 연구보고 2001-1.

Amato, P. R. (2000). The Consequences of divorce for adults and children. *Journal of Marriage and the Family, 62*(4), 1269-1287.

Amato, P. R. (2001). Children of divorce in the 1990s: An update of the Amato and Keith (1991) Meta-Analysis. *Journal of Family Psychology, 15,* 355-370.

Amato, P. R., & Keith, B. (1991). Parental divorce and the well-being of children: A meta-analysis. *Psychological Bulletin, 110,* 26-46.

Amato, P. R., & Keith, B. (1991). Parental divorce and the well-being of children: A meta-analysis. *Psychological Bulletin, 110,* 26-46.

Bandura, A. (1977). *Social learning theory.* Englewood cliffs, NJ; Printice Hall.

Block, J. (1980). Assimilation, accommodation, and the dynamics of personality development. *Child Development, 53,* 281-295.

Block, J. H., Block, J., & Gjerde, P. (1986). The personality of children prior to divorce: A prospective study. *Child Development, 57,* 827-840.

Bursik, K. (1991). Adaptation to divorce and ego development in adult women. *Journal of personality and social psychology, 60*(2), 300-306.

Cantor, D. (1977). School-based groups for children of divorce. *Journal of Divorce, 1,* 183-187.

Carlile, C. (1991). How teachers can help ease the pain: Children of divorce. *Childhood Education, 67*(4), 232-234.

Coopersmith, S., Sakai, D., Beardslee, B., & Coopersmith, A. (1976). Figure drawings as an expression of self-esteem. *Journal of personality*

Assessment, 40(4), 370-375.

Doll, B., & Doll, C. (1997). *Bibliotherapy with young people: Librarians and mental health professionals working together.* Englewood, CO: Libraries Unlimited, Inc.

Egeland, B., Carlson, E., & Sroufe, L. A. (1993). Resilience as process. *Development and Psychopathology, 5,* 517-528.

Emery, R. E. (1982). Interparental conflict and the children of discord and divorce. *Psychological Bulletin, 92*(2), 310-330.

Emery, R. E. (1999). *Marriage, divorce and children's adjustment.* London: SAGE Publications.

Emery, R. E. (1999). Postdivorce family life for children. In R. Thompson & P. Amato (Eds.), *The Postdivorce Family: Children, Parenting, and Society* (pp. 3-27). SAGE Publications.

Emery, R. E., Kitzmann, K. M., & Waldron, M. (1999). Psychological interventions for separated and divorced families. In E. M. Hetherington (Ed.), *Coping with divorce, single parenting, and remarriage: A risk and resiliency perspective* (pp. 323-344). Mahwah, Nj: Erlbaum.

Fergusson, D. M., Lynsky, M. T., & Horwood, L. J. (1994). The effects parental separation, the timing of separation and gender on children's performance on cognitive test. *Journal of Child Psychology and Psychiatry, 35*(6), 1077-1092.

Garmezy, N. (1993). Children in poverty: Resilience despite risk. *Psychiatry, 56,* 127-136.

Green, B. J. (1978). Helping children of divorce: A multimodal approach. *Elementary School Guidance & Counseling, 13,* 31-45.

Green, D. A. (1989). A study of the Impact of Bibliotherapy on the self-concept of Mexican-American children ten and eleven years of age. *Dissertation Abstracts International, 50*(5), 1252A.

Guttmann, J. (1993). *Divorce in Psychosocial Perspective: Theory and*

Research. New Jersey: Hillsdale.

Hagg, S. K. (1990). A study on the effectiveness of a Bibliotherapy Program for changing Self-concept at a fourth-grade level. Unpublished doctoral dissertation. University of Southern Mississippi.

Havighurst, R. J. (1972). *Developmental tasks and education.* New York: David Mckay.

Hetherington, E. M. (1989). Coping with family transitions: Winners, losers, and survivors. *Child Development, 60,* 1-14.

Hetherington, E. M. (1993). An overview of the Virginia longitudinal study of divorce and remarriage with a focus on early adolescence. *Journal of Family Psychology, 7,* 39-56.

Hetherington, E. M. (1999). Should we stay together for the sake of the children? In E. M. Hetherington (Ed.), *Coping with divorce, single parenting, and remarriage: A risk and resiliency perspective* (pp. 93-116). Mahwah, Nj: Erlbaum.

Hetherington, E. M., Camera, K. A., & Featherman, D. L. (1981). *Cognitive performance, school behavior and achievement of children of one-parent families.* Medford, MA: Child and Family Study, Tufts university.

Hetherington, E. M., Cox, M., & Cox, R. (1976). Divorced fathers. *Psychology Today, 10,* 42-46.

Hetherington, M., & Stanley-Hogan, M. (1999). The Adjustment of Children with Divorced Parents: A Risk and Resiliency Perspective. *Journal of Child Psychology and Psychiatry, 40*(1), 129-140.

Hetherington, M., Stanley-Hogan, M., & Anderson, E. (1989). *Marital transition: A child's perspective.* Sculpture Park, Oslo, Norway: John Wiley & Sons, Inc.

Hynes, A. M., & Hynes-Berry, M. (1994). *Biblio/poetry therapy-The Interactive process: A Handbook.* St. cloud, MN: North Star Press.

Jeanne, C., James L., & Marilyn H. (1997). Using protective factors to enhance resilience and school success for at risk students. *Intervention in School and Clinic* (pp. 86-89). North Star Press of St. Cloud.

Jekielek, S. M. (1998). Parental conflict, marital disruption and children's emotional well-being. *Social Forces, 76,* 905-935.

Kalter, N., & Rembar, J. (1981). The significance of a child's age at the time of parental divorce. *American Journal of Orthopsychiatry, 51,* 85-100.

Kalter, N., Riemer, B., Brickman, A., & Chen, J. W. (1985). Implications of parental divorce for female development. *J. Am Acad Child Psychiatry, Vol. 24,* Issue 5, 538-544.

Kelly, J. B., & Wallerstein, J. S. (1997). Brief intervention with children in divorcing families. *American Journal of Orthopsychiatry, 47,* 23-39.

Kurdek, L. A. (1981). An integrative perspective on children's divorce adjustment. *American Psychologist, 36*(8), 856-866.

Luthar, S. S., & Zigler, E. (1993). Vulnerability and competence: A review of research on resilience in childhood. *American Journal of Orthopsychiatry, 61,* 6-22.

Mastern, A. S., & Coatsworth, J. D. (1998). The development of competence in favorable and unfavorable environments: Lessons from successful children. *American Psychologist*, 53, 205-220.

McDermott, J. F. (1970). Divorce and its psychiatric sequelae in children. *Archives of General Psychiatry, 23,* 421-427.

McLeod, J. D. (1991). Childhood parental loss and adult depression. *Journal of Health and Social Behavior, 32,* 205-220.

Pamela, A. K., & Gail, G. S. (1998). Easing the pain of Divorce Through children's Literature. *Early childhood Education Journal, 26*(2), 89-94.

Pardeck, J. T. (1994). Using literature to help adolescents cope with problems. *Adolescence, 29,* 421-427.

Pedro-Carroll, J. L., & Cowen, E. L. (1985). The children of divorce intervention program: An investigation of the efficacy of a school-based prevention program. *Journal of Consulting and Clinical Psychology, 53,* 603-611.

Rubin, R. J. (1978). *Using bibliotherapy: A guide to theory and practice.* Phoenix, AZ: Oryx Press.

Rutter, M. (1988). Family stress and children's response. In G. W. Albee, J. M. Joffe, & L. Dusenbury (Eds.), *Prevention, Powerlessness and Politics, Radings on Social Change* (pp. 180-194). Mewbury park, CA: Sage Publications.

Rutter, M. (1994). Stress research: accomplishments and tasks ahead. In R. Haggery, L. Sherrod, N. Garmezy, & M. Rutter (Eds.), *Stress, risk, and resilience in children and adolescents: processes, mechanisms, and interventions* (pp. 353-385). London: Cambridge University Press.

Schlichter, C. L., & Burke, M. (1994). Using books to nurture the social and emotional development of gifted students. *Rooper Review, 16,* 280-283.

Schrank, F. A. (1982). Bibliotherapy as an Elementary School Counseling Tool. *Elementary School Guidance and Counseling, 16*(3), 218-227.

Shaffer, D. R. (1996). Intelligence: Measuring mental performance. In D. R. Shaffer (Ed.), *Developmental psychology: Childhood and adolescence* (pp. 331-374). Pacific Grove, CA: Brooks/Cole.

Stolberg, A. L., & Mahler, J. (1994). Enhancing treatment gains in a school-based intervention for children of divorce through skill training, parental involvement and transfer procedures. *Journal of Consulting and Clinical Psychology, 62*(1), 147-156.

Stolberg, A. L., & Mahler, J. (1994). Enhancing treatment gains in a school-based intervention for children of divorce through skill training, parental involvement and transfer procedures. *Journal of Consulting and Clinical Psychology, 62*(1), 147-156.

Synder, K. A. (1985). An intervention program for children of separated or divorced parents. *Techniques, 1,* 286-296.

Wallerstein, J. S., & Blakeslee, S. (1989). *Second Chances: Men, Women, and Children a Decade After Divorce.* New York: Ticknor & Fields.

Wallerstein, J. S., & Kelly, J. B. (1975). The effects of parental divorce: Experiences of the pre-school child. *Journal of the American Academy of Child Psychiatry, 14,* 600-616.

Wallerstein, J. S. (1983). Children of divorce: The psychological tasks of the child. *American Journal of Orthopsychiatry, 53,* 230-243.

Wallerstein, J. S. (1991). Long-term effect of divorce on children. *Journal of Academy of Child and Adolescent Psychiatry, 30,* 349-360.

Wallerstein, J. S., Kelly, J. B., & Blakelee, S. (2000). *The unexpected legacy of divorce.* New York: Hyperion.

Wallerstein, J., & Kelly, J. (1980). *Surviving the breakup: how children and parents cope with divorce.* New York: Basic Books.

Watson, D. C. (1994). The effects of three bibliotherapy techniques on fourth graders' self-esteem, reading achievement, and attitudes toward reading. Unpublished doctoral dissertation. North Carolina State University.

Watters, A. B. (2000). *Resiliency in children of divorce.* Hofstra University.

Weiss, R. S. (1986). *Marital Separation.* New York: Basic Books.

Werner, E. E., & Smith, R. S. (1992). *Overcoming the odds: High risk children from birth to adulthood.* Ithaca, NY: Cornell University Press.

|찾아보기|

인명

내용

저자 소개

김동일

현재 서울대학교 사범대학 교육학과 교육상담 전공교수, 동 대학원 특수교육전공 주임교수, BK21 역량기반 교육혁신연구사업단 참여교수로 재직하고 있다. 서울대학교 교육학과를 졸업하고 교육인적자원부 국비유학생으로 선발되어 미네소타대학교 교육심리학과에서 석사, 박사 학위를 취득하였으며, Developmental Studies Center Research Associate, 한국청소년상담원 상담교수, 경인교육대학교 교육학과 교수를 역임하였다. 『학습부진영재아동』『특수아동상담』『학습장애아동의 이해와 교육』(2판)을 비롯한 30여 권의 (공)저서와 100여 편의 학술논문, 20여 편의 상담사례 논문을 발표하였다.

우홍련

현재 서울시교육청 소속 신상도초등학교 교사로 재직하고 있다. 서울대학교 대학원에서 교육상담전공으로 석사학위를 취득하였으며, 서울대학교 대학생활문화원과 한국집중력센터에서 상담 및 교육관련 자문 역할을 맡고 있다. 다년간의 학교현장 경험을 바탕으로 다수의 학습 및 상담 프로그램 저술 작업에 참여하였다.

상담학 Best Practice 시리즈-상담 프로그램 영역 5

이혼가정 아동을 위한 집단상담 프로그램

-독서치료의 적용-

2009년 2월 20일 1판 1쇄 인쇄
2009년 2월 25일 1판 1쇄 발행

지은이 • 김동일 · 우홍련 공저
펴낸이 • 김진환
펴낸곳 • (주) 학지사
121-837 서울특별시 마포구 서교동 352-29 마인드월드빌딩 5층
대표전화 • 02)330-5114 / 팩스 02)324-2345
홈페이지 • http://www.hakjisa.co.kr
등 록 • 제313-2006-000265호

ISBN 978-89-6330-044-3 93180

정가 10,000원